本书出版获得以下资助：

2019年教育部人文社会科学研究规划基金项目“美国州立大学治理模式的变革与创新研究”（19YJA880076）

2020年安徽省级重大教学研究项目“新工科背景下人文素质教育体系的改革与实践”（2020jyxm0152）

2018年安徽省级重大教学研究项目“地方高校新工科建设的国际视野与本土行动研究”（2018jyxm0730）

2022年安徽工程大学校级科研项目“当代美国州立大学治理模式研究”（Xjky2022198）

MEIGUO ZHOULI DAXUE ZHILI MOSHI YANJIU

美国州立大学治理模式研究

余承海◎著

知识产权出版社
全国百佳图书出版单位
—北京—

图书在版编目（CIP）数据

美国州立大学治理模式研究/余承海著. —北京：知识产权出版社，2023. 3
ISBN 978 - 7 - 5130 - 8672 - 1

Ⅰ. ①美… Ⅱ. ①余… Ⅲ. ①高等学校—学校管理—研究—美国 Ⅳ. ①G649. 712

中国国家版本馆 CIP 数据核字（2023）第 014373 号

内容提要

本书以美国州立大学治理模式为研究对象，依据高等教育治理理论构建了美国州立大学外部治理模式与内部治理模式的分析框架，以比较教育的研究视角，在对最新文献资料研究的基础上，运用文献分析法对一个多世纪以来美国州立大学治理模式的变革与创新进行了较为深入的梳理和分析。

责任编辑：徐　凡　　　　**责任印制**：孙婷婷

美国州立大学治理模式研究

余承海　著

出版发行：知识产权出版社有限责任公司	**网　　址**：http：//www. ipph. cn
电　　话：010 - 82004826	http：//www. laichushu. com
社　　址：北京市海淀区气象路 50 号院	**邮　　编**：100081
责编电话：010 - 82000860 转 8533	**责编邮箱**：laichushu@ cnipr. com
发行电话：010 - 82000860 转 8101	**发行传真**：010 - 82000893
印　　刷：北京中献拓方科技发展有限公司	**经　　销**：新华书店、各大网上书店及相关专业书店
开　　本：720mm×1000mm　1/16	**印　　张**：12. 25
版　　次：2023 年 3 月第 1 版	**印　　次**：2023 年 3 月第 1 次印刷
字　　数：195 千字	**定　　价**：62. 00 元

ISBN 978 - 7 - 5130 - 8672 - 1

序

承海教授承担的教育部人文社科项目的最终研究成果“美国州立大学治理模式研究”要以著作的形式出版了。他这些年来在美国州立大学治理的学术研究方面持续努力和追求，实属不易。而我对他十多年来能够持续关注美国州立大学治理这一研究重点，是持支持态度的。要做踏实深入的学术研究，是需要有这种孜孜以求的专注精神的，只要认准了研究方向，作出勤勉的努力，必有回报。

承海教授是我指导的第一位比较教育学博士研究生，也是我的寿县同乡，因此我更加珍惜这种特别的、不同寻常的学术联系和家乡情结。十余年来，承海教授坚守着比较教育研究的立场，先后在《高等教育研究》《比较教育研究》等期刊发表数十篇关于高等教育治理比较研究的学术论文，如《美国公立大学治理的政治化及其启示》《当代美国大学共同治理的困境、变革及其启示》《高等教育治理模式的国际比较与启示》《高等教育治理的四种国际模式——基于目标与手段的分类》《欧洲十四国高等教育治理模式的比较研究》《大学治理的学术—商业—公司模式》等，并出版了学术专著《美国州立大学治理结构研究》，在大学治理研究方面，特别是在美国州立大学治理研究方面，确立了自己的研究兴趣和研究重心，其对美国州立大学治理的研究也逐渐深入、积累甚多，已经超出了其博士论文时期的思考和分析，更是超出了我对美国州立大学治理的认识。

应承海教授的邀请，现在要为他的新作《美国州立大学治理模式研究》写序言，虽感觉力不从心，但基于过往师生关系的缘由还是要勉力而为之。这已经是我第二次为承海教授写书序了，我虽感觉难以成文，更难以作出恰当的学术评价，但又感到有责任为承海教授写点文字，以表达自己的阅读感受和收获。

首先，在我看来，《美国州立大学治理模式研究》与《美国州立大学治理结构研究》显然具有内在的逻辑关联，但在研究主题上，前者更加突出“治理模式”而非治理结构的研究。如果说治理结构的研究更加注重静态的结构性分析，而治理模式的研究则更加突出了动态的差异性分析和大学治理的变革实践。仅从两组概念的关系看，可以简单化地说，治理模式在意涵上是涵盖治理结构的，治理结构是治理模式的核心内核和重要内容，是套嵌入于治理模式之中的。因此，可以说，这一研究是对其前期研究的进一步深化与拓展，这种从“治理结构”的研究转向“治理模式”的研究，就具有了更大的包容性，也增加了研究的难度。

其次，《美国州立大学治理模式研究》在研究内容上已经超出了《美国州立大学治理结构研究》内容范围向度，这不是一项重复性的研究，而是对美国州立大学治理模式及其大学治理结构的新探索。本书的研究内容具有许多新意：不仅从学生资助的角度分析了美国联邦政府州立大学治理模式，而且深入研究了美国州政府的州立大学治理模式，从政府与大学治理的理论视角，分析了美国联邦政府和州政府致力于州立大学治理的企图和措施；不仅分析了美国州立大学系统的治理模式，而且对加州大学系统的“一个大学”治理模式作出了深入的剖析。这些研究内容可以说在《美国州立大学治理结构研究》一书中是未曾涉及的，也表明本书的研究内容深化了对美国州立大学治理结构的研究，又对美国州立大学治理模式做出了新探索。

最后，《美国州立大学治理模式研究》的研究任务是艰巨的，作者所投入的研究精力和研究时间是巨大的，研究资料是充分可靠的，研究成果的学术张力是值得肯定的。在反复研读承海教授的书稿后，我感觉承海教授对美国州立大学治理模式的研究付出了艰苦劳动，虽然这项研究的内在逻辑和理论论证仍存在诸多遗憾，存在巨大的改善空间，但尽管如此，这项研究所做出的学术努力和思考，无疑之于中国高等教育治理的模式选择和系统变革，特别是我国省属高等教育治理模式的改进，是具有现实价值和启示的。

虽然我感到难以动笔写出什么有价值的序言，但我还是勉强略述数语，以表达对承海教授在学术上持续努力的支持和祝贺。

是为序。

程晋宽

2023 年春节于金陵家天下

前　言

中共中央、国务院2019年印发的《中国教育现代化2035》明确指出，要持续不断地“推进教育治理体系和治理能力现代化”。开展高等教育治理模式的国际比较研究有助于拓宽高等教育治理体系与治理能力现代化的推进思路，深化对高等教育治理模式复杂性的认识，并有助于为寻找适应中国国情的具有中国特色的高等教育治理发展之路提供一定的借鉴与参考，为构建与完善具有中国特色的高等教育治理模式提供一定的经验与启示。在高等教育国际化浪潮的推动下，世界各国的高等教育治理模式既呈现出差异性的一面，也呈现出共性的一面。一方面，全球范围内高等教育治理在发展变革中推陈出新，形成了各种各样的治理模式；另一方面，在全球化背景下，各种高等教育治理模式又呈现一体化发展的趋势。如何在纷繁复杂的高等教育治理模式中作出中国的选择，需要一定的国际眼光和视野。高等教育治理是一个动态变化的过程，需要持续完善和发展。只有真正把握好高等教育治理模式演变的历史与现实，才能超越简单的模式化的模仿，实现高等教育的内在逻辑与国际发展趋势的有机结合。❶

施晓光教授指出，大学治理模式变革问题已经成为学术界普遍关注的话题。全球大学治理模式已发生了巨大的变化，逐渐从传统的治理模式向新兴的治理模式发展，呈现出某些新的态势。❷ 跟踪研究美国州立大学治理模式有助于促进和深化现代大学管理从“管”向“理”的转变，并有助于拓宽对大学治理的理论认识。美国州立大学治理模式研究有助于加速推进我国地方高校特别是省属大学治理体系与治理能力现代化进程，为我国省属大学治理体系与治理能力现代化提供一定的参考与借鉴。

---

❶ 左崇良．高等教育治理模式的国际比较和借鉴［J］．高等教育评论，2022（1）：169－179.

❷ 施晓光．现代大学治理模式的转向［J］．苏州大学学报（教育科学版），2015（4）：8－9.

美国州立大学治理模式研究的理论价值体现在以下 3 个方面。

第一，美国大学治理模式的差异性要求研究者对美国大学治理的研究要分类展开，否则研究的结论将缺乏一定的针对性，其借鉴价值也会打折扣。美国州立大学作为美国公立高等教育的重要组成部分，其治理具有一定的独特性和较为完善的体系。对美国州立大学治理模式的研究有助于深化对美国大学治理模式的分类研究。

第二，在美国州立大学治理模式的变革实践中，诞生了丰富多样的理论，如大学与政府关系理论、大学与企业关系理论、大学资助理论、大学教育质量评价与监控理论，这些理论需要深入挖掘提炼。美国州立大学治理模式的研究有助于深化对大学发展规律的认识，丰富大学治理的理论体系。

第三，美国州立大学治理模式的研究既可丰富大学治理模式的比较研究，又可拓宽我国大学治理模式研究的发展道路，为深入理解大学治理与大学治理模式问题提供可资借鉴的资料。

美国州立大学治理模式研究的实践意义体现在以下 3 个方面。

首先，本书有助于加速我国高等教育强国的建设步伐。一个国家能否建立起一个充满活力的高等教育系统，很大程度上取决于其大学治理模式的独特性。美国州立大学在近 200 年的发展过程中，构建了不断完善的治理模式，对于完善具有中国特色的省属高校治理模式具有借鉴价值。

其次，本书有助于完善我国省属高校的治理结构。大学治理结构是大学治理模式的重要内容，本书有助于拓宽和深化对省属高校治理结构的认识，为选择与调整我国省属高校治理模式提供参考和借鉴。

最后，本书有助于实现我国省属高校治理体系与治理能力现代化。如果不能尽快实现教育治理体系和教育治理能力现代化，教育现代化的目标就不可能如期实现。当前，我国省属高校的管理理念、体制、方式、能力与建设高等教育强国的战略目标还存在一定差距，不能适应高等教育发展的实际需要。为确保教育现代化目标的如期实现，首先需要在教育治理体系和教育治理能力现代化上实现突破。

本书的顺利出版要感谢恩师南京师范大学程晋宽教授长期以来的关心、支持与指导，感谢安徽师范大学教育科学学院姚本先教授、王守恒教授、桑青松教授、李宜江教授的关心与支持，感谢华东师范大学教育学部刘世清副教授为本项目研究所提供的文献检索便利条件。由于作者学识和能力有限，错误和谬误在所难免，敬请大家批评指正。

目录 Contents

第1章　美国联邦政府的州立大学治理模式

——以学生资助为例

卡帕诺（Capano）基于政府在塑造高等教育治理模式中的核心角色，以目标与手段为经纬构建了4种高等教育治理模式，即等级制模式、程序性模式、间接监管模式、自治模式。[1] 间接监管模式是一种政府不直接干预大学办学的大学治理模式。这种模式一般以较大程度的院校自治和系统的院校绩效评估为特征。在间接监管模式中，政府对于追求一些战略目标有强烈的意愿。不过，政府还是赋予了院校足够的自由，让它们自主选择达到这些目标的手段。政府也会制定一些特殊的政策激励院校与政府的战略目标保持一致，如增加学生数、投资应用性研究等。政府通过运用一些软规则（如财政刺激、绩效评价、签订合同、建立联盟与伙伴关系、说服等）进行监管。在这种治理模式中，政府不扮演直接管理的角色，政策协调通常由一些自愿性的协会组织负责，且由一套复杂的规章制度予以保障。

美国联邦政府的州立大学治理模式属于典型的间接监管模式。美国联邦政府不直接管理州立大学，而只是通过联邦政府的各部门，以立法和行政手段影响州立大学。以立法手段影响美国州立大学的治理模式被称为法治模式。在此，本书以美国联邦政府对美国州立大学影响范围最广的学生资助模式的变革与创新来探索美国联邦政府州立大学治理模式的变革与创新。

学生资助是美国联邦政府治理州立大学的重要内容。当前，美国有85%的本科生接受经济资助。[2] 1965年颁布的美国《高等教育法》第一次建立了由

---

[1] 余承海，程晋宽. 高等教育治理的四种国际模式——基于目标与手段的分类［J］. 江苏高教，2017（02）：26－30.

[2] KESS S，GRIMALDI J R，REVELS J A J，LAULETTA T K. Paying for Higher Education under the Tax Cuts and Jobs Act［J］. The CPA Journal，2018：64－67.

奖学金、工读计划和联邦贷款组成的学生资助模式。这种学生资助模式至今依然有效，变化的只是一些细节。1965 年颁布的美国《高等教育法》确立的资助项目和随后的修正案，极大地改变了美国州立大学的联邦学生资助模式。美国联邦政府不再将资金直接拨给学校，而是通过一个复杂的资助程序将经费直接拨给学生。在 20 世纪 70 年代，美国联邦政府进一步扩大了联邦资助项目，从而促使大学实行高学费 - 高资助模式。在这种资助模式中，学费与实际的教育成本基本相当，而学生资助主要用于为学生提供入学的机会。[1]

以有偿与无偿为判断标准，联邦政府的学生资助模式发生过巨大的变化。1979 年，三分之二的联邦资助是以无偿资助的方式提供的，而其余的三分之一是以贷款的方式提供的。[2] 而现在的实际情况则相反，无偿资助仅占联邦学生资助的三分之一，而其余的三分之二则是以贷款的形式提供的。[3]

学生资助是 20 世纪 50—70 年代多项法案共同关注的问题。1958 年颁布的美国《国防教育法》规定设立国防学生贷款；1964 年颁布的美国《经济机会法》设立了资助贫困大学生的工读计划；1965 年颁布的美国《高等教育法》的核心内容是学生资助，设立以实现教育机会均等为直接目的的学生资助计划；1972 年颁布的美国《教育法修正案》在原有的学生资助计划基础上又设立了基本教育机会助学金计划。[4]

为实现高等教育机会均等，联邦政府既要消除学生参与高等教育的经济障碍，又要清除学生参与高等教育的非经济障碍。为此，联邦政府设立了补偿教育计划，这是一种旨在消除学生参与高等教育非经济障碍的学生资助模式，是针对经济和文化上处于不利地位的学生的资助计划。联邦政府的补偿教育计划主要是三元计划，包括天才搜寻计划、升学补习计划、特殊服务计划。天才搜寻计划是 1965 年颁布的美国《高等教育法》确立的，旨在帮助天资聪颖的学生完成中学和大学学业。升学补习计划是 1964 年颁布的美国《经济机会法》确立的，旨在帮助学习成绩不良但有潜力的中学生，使其能够进入大学学习。

---

❶ 詹姆斯·杜德斯达，弗瑞斯·沃马克. 美国公立大学的未来［M］. 刘济良，译. 北京：北京大学出版社，2006：32.

❷ KANE T J. Assessing the U. S. Financial Aid System：What We Know，What We Need to Know［C］. Ford Policy Forum 2001 on Exploring the Economics of Higher Education. Cambridge：Forum for the Future of Higher Education，2001：25 - 34.

❸ 同❶。

❹ 郝艳萍. 美国联邦政府干预高等教育机制的确立［M］. 杭州：浙江教育出版社，2015：10.

特殊服务计划是 1968 年颁布的美国《教育法修正案》确立的，旨在为已经进入大学的处境不利的学生提供帮助以提高其学习成绩。❶ 这些计划均涉及州立大学，州立大学的学生是主要受益者之一。美国国会对三元计划的拨款每年都在稳步增长，但是这种增长与学生所需仍相去甚远。❷

联邦政府对大学生的资助是在 20 世纪 30 年代的大萧条时期开始的。此前，学生资助主要由私人慈善者、基金会或州政府实施，资助模式有奖学金、贷款和工读计划 3 种，资助对象主要是有能力的贫困学生。联邦贷款、助学金和工读计划是 20 世纪进一步发展起来的，它们沿用了私人和州政府建构的学生资助模式。联邦学生资助是美国联邦政府出于应对威胁美国人力需求或民众普通福利的国家的挑战和国际危机而建立起来的。近几十年来，美国联邦政府还推出了以税收优惠资助大学生的资助模式。

在 19 世纪，联邦政府对高等教育的资助是以州政府为中介的。但到了 20 世纪初，这种资助模式开始发生变化。联邦政府的学生资助变得越来越分散，而且它开始越过州政府直接资助高等院校。最近几十年，几乎所有的联邦资助都是给予院校以及院校里的系、所、学院、教师和学生。实际上，联邦政府和州政府在学生资助目的和资助模式上缺乏协调。可以说，在学生资助上，联邦政府和州政府基本上是各自为政、各行其是。❸

1.1　美国联邦政府对州立大学学生的贷款资助模式

数据显示，联邦学生贷款是当今美国联邦政府资助州立大学学生的最主要模式，约占美国联邦政府资助学生总数的 70%，助学金资助占比近 20%，税收优惠资助占比约 9%，工读计划资助占比约 1%。❹ 由此可见，美国联邦政府

❶ 郝艳萍. 美国联邦政府干预高等教育机制的确立［M］. 杭州：浙江教育出版社，2015：184.

❷ 菲利普 · G. 阿特巴赫，罗伯特 · O. 波达尔，帕崔凯 · J. 干波特. 21 世纪的美国高等教育——社会、政治、经济的挑战（第 2 版）［M］. 施晓光，蒋凯，主译. 青岛：中国海洋大学出版社，2007：140.

❸ 菲利普 · G. 阿特巴赫，罗伯特 · O. 波达尔，帕崔凯 · J. 干波特. 21 世纪的美国高等教育——社会、政治、经济的挑战（第 2 版）［M］. 施晓光，蒋凯，主译. 青岛：中国海洋大学出版社，2007：127.

❹ BAUM S，MA J，PENDER M. Trends in Student Aid 2017［R］. College Board，2017：1 - 32.

的学生资助已经演变为以贷款为主的学生资助模式。美国联邦政府的学生贷款资助模式的起源可以追溯到第二次世界大战期间的战时学生贷款计划。

1.1.1 20 世纪 40 年代的战时学生贷款计划

战时学生贷款计划是“二战”期间美国联邦政府为了解决人才缺乏问题，由美国教育署管理的学生资助计划。美国卷入“二战”后，明显感到在医学、工程学、物理学、化学、药剂学等专业领域缺乏人才。1942 年 1 月，来自高校、军方、战争人力委员会和教育署战时委员会的代表们在马里兰州的巴尔的摩召开会议，商讨高校如何为战争服务的问题。会议提议，学院和大学实施“加速计划”以加快培养所需的专业和技术人才。但是，“加速计划”的实施加重了学生的经济负担。首先，学生要支付所增加的学费和生活费；其次，学生损失了夏季打工收入以及参与多个高校资助的机会。鉴于此，教育领导者建议美国联邦政府向学生提供资助，使学生能够在没有经济负担的情况下顺利完成学业，推动美国高等院校顺利实施“加速计划”。1942 年 7 月，美国国会通过 P. L. 617 法案，在该法案的第二条设置了战时学生贷款计划。❶

在战时学生贷款计划的资助下，联邦政府向工程学、物理学、化学、医学、口腔医学和药剂学等领域的学生提供直接的政府贷款，以支付“加速计划”增加的额外费用。战时学生贷款的获得者必须是临毕业两年内的本科生，他们必须接受“加速计划”的培训，毕业后接受战争人力委员会所安排的工作。每年贷款的最大数额是 500 美元，年利率 2.5%。如果学生在完成学业之前就应征入伍，贷款就被免除。除非学生去服兵役，否则学生必须在毕业一年后开始偿还贷款。❷

1942—1944 年，联邦政府共向 286 所高校中的 1.1 万名学生发放了战时学生贷款 300 万美元。❸ 战时学生贷款计划为后来的联邦学生贷款计划提供了先例，它使参与“加速计划”的贫困学生获得了接受高等教育的机会。

---

❶ 郝艳萍. 美国联邦政府干预高等教育机制的确立［M］. 杭州：浙江教育出版社，2015：55－56.

❷ 郝艳萍. 美国联邦政府干预高等教育机制的确立［M］. 杭州：浙江教育出版社，2015：55.

❸ ALTERMAN R C. Manpower Policy and Individual Need in the Development of Federal Aid to College Students［M］. Ann Arbor：The University of Michigan School of Education，1973：29.

1.1.2　联邦学生直接贷款与担保贷款之争

在美国，学生贷款的绝大多数是由联邦政府提供或担保的。苏联第一颗人造地球卫星上天催生了美国的《国防教育法》。随后，联邦学生贷款开始扩张。这些贷款均直接由联邦政府提供给那些对资金有迫切需求且成绩优异的学生，当时仅有 25 000 名学生得到了这些贷款。为了扩大高等教育入学机会，使学生贷款更为便利，扩大联邦学生贷款的规模，1965 年颁布的美国《高等教育法》正式设立了针对中等收入学生的政府担保学生贷款。[1]

联邦政府本来可以如同它在战时学生贷款计划中所做的那样在其后续的贷款资助中直接将贷款提供给学生，但联邦审计法规却否决了联邦政府的这种行为。较之向学生直接提供贷款，为贷款进行担保在政治上更受欢迎。直到 1990 年联邦审计法规修改后，联邦政府才重新考虑规模更大的直接贷款项目。1990 年之前，联邦审计法规使直接贷款的成本高于担保贷款。美国《联邦信用改革法》改变了联邦审计法规，从而使直接贷款成为联邦政府学生贷款的可能选项。

新的审计法规快速地改变着学生贷款领域的政治氛围。到 1991 年，立法者不断引入法案以创设直接贷款项目来补充甚至取代既有的担保贷款，因为直接贷款能够减少政府对贷款方的补贴。据估计，因这一改变，联邦政府一年能节省 10 亿美元。这些提案迅速引发争议，相关人士提出，首要问题不是怎样使银行贷款给学生，而是贷款究竟该由联邦政府直接提供还是由政府支持的个人提供。事实上，该问题直到 2010 年才得以最终解决。虽然直接贷款的提案十分受欢迎，但间接性的担保贷款仍然与直接贷款进行着激烈竞争。美国国会在 1992 年开始试点一个直接贷款项目，并在 1993 年授权政府可以不断提高直接贷款的比例。1994 年，美国联邦政府根据《学生贷款改革法》实施了直接贷款模式。[2] 截至 1998 年，直接贷款的比例达到 60% 以上。[3]

---

❶ 伊丽莎白·波普·伯曼，艾比·斯蒂弗斯. 美国学生贷款的兴起与高等教育资源依赖的演变［J］. 北京大学教育评论，2016（1）：13－31.

❷ 孙涛. 美、加两国学生贷款中的政府职能及其启示［J］. 国家教育行政学院学报，2011（8）：92－95.

❸ 同❶。

虽然在21世纪初的10年学生贷款总量快速增长，但直接由联邦政府承担的贷款及其比重在稳步下降。联邦学生贷款的总量从1993年开始增长，至2010年增长至最初的5倍。2007—2008年的大规模金融危机给联邦学生贷款带来了巨大的冲击，它破坏了联邦学生资助政策的稳定性，但同时解决了究竟是由银行在政府担保下贷款还是由联邦政府直接贷款的争议。因为2008年信贷市场的冻结直接引发银行取消来年的学生贷款业务，导致学生陷入无款可贷的困境，国会采取了行动支持贷款。长远来看，担保贷款项目的崩溃以及民众对金融机构态度的集体转变有利于联邦政府的直接贷款。但是，2010年，包括美国学生贷款公司萨利美公司在内的金融机构依然元气大伤。此时，国会出台的一项新的法案完全废除了既有的担保贷款，并代之以联邦政府的直接贷款。这使持续了20多年的争论至此终结，并最终取消了美国联邦政府在学生贷款过程中的“中间人”。[1]

1.1.3 以直接贷款为主的联邦学生贷款

美国联邦政府对美国州立大学的经济支持主要是通过学生资助实现的。如果将州政府拨款与联邦学生资助两相比对而不是比较州政府拨款与学生净学费，则可以看到一幅不同的图景。美国州立大学财务的变化趋势并不仅仅由依赖政府资助转向依赖私人资助，它同样呈现出由州政府资助向联邦政府资助转变的趋势。

在这一阶段，美国联邦政府针对美国州立大学的学生贷款项目主要是联邦福特直接贷款项目和联邦家庭教育贷款项目。联邦福特直接贷款项目由1965年颁布的美国《高等教育法》授权，是美国联邦教育部管理的主要学生贷款项目。本科生和研究生可以使用该贷款支付其高等教育费用。联邦福特直接贷款项目分为4种类型：斯坦福贴息贷款、无贴息的斯坦福贷款、本科生家长贷款、合并贷款。

萨弗拉法案终止了联邦政府发放新的联邦家庭教育贷款的权力。自2010年7月1日起，联邦家庭教育贷款不再发放，但未偿还的联邦家庭教育贷款须

---

[1] 伊丽莎白·波普·伯曼，艾比·斯蒂弗斯. 美国学生贷款的兴起与高等教育资源依赖的演变［J］. 北京大学教育评论，2016（1）：13－31.

继续偿还。联邦家庭教育贷款和福特直接贷款是低息贷款，每一种贷款的最高利率由法令规定。[1]

斯坦福贴息贷款的独特之处在于它只面向有经济需求的本科生。除了某些例外情况，联邦政府支付斯坦福贴息贷款的利息，借贷人至少有一半时间注册在校，在授权延期期间，有 6 个月的优惠期。无贴息的斯坦福贷款和本科生家长贷款面向所有学生，而不考虑他们的经济需求情况，借贷人须支付所有利息。联邦家庭教育贷款和联邦福特直接贷款的条款和条件比私人贷款和其他非联邦贷款对借款人更有利。这些有利的条款和条件包括利率比私人贷款和其他非联邦贷款低，有延期还款、暂缓还款和减免还款机会，有贷款合并及几项贷款豁免计划。[2]

近年来，美国联邦政府的学生贷款主要分以下 4 种类型。[3]

1）联邦帕金斯贷款。其向有经济需要的本科生和研究生发放低息贷款（利率 5%），优先考虑那些有特殊需要的学生，借款受年度和累计贷款限额的限制，借贷人通常将贷款直接偿还给所在高校，还款用于发放新的贷款，高校须配套至少 33% 的资金。借贷人如履行了特定的志愿服务以及军事、健康护理等服务，贷款即可免除。

2）联邦直接贴息贷款。其向有经济需求的本科生提供低息贷款。借贷人在学期间、优惠期内、延缓期内，利息由联邦政府支付。借款受年度和累计贷款限额的限制。除非借贷人符合延期的条件，否则借贷人在离校 6 个月后开始偿还贷款。在特定条件下，借贷人在特定领域就业，贷款可免除。

3）联邦直接无贴息贷款。其向本科生和研究生提供低息贷款。该贷款不考虑借贷人的收入或经济需求，只要资助总额没有超过就学成本就可贷款。借贷人在任何时候都要支付贷款利息。借款受年度和累计贷款限额的限制。对于独立型的学生限制要高一些。除非借贷人符合延期条件，否则借贷人在离校 6 个月后开始偿还贷款。在特定条件下，如借贷人在特定领域就业，贷款可

[1] SMOLE D P. Federal Student Loans Made Under the Federal Family Education Loan Program and the William D. Ford Federal Direct Loan Program: Terms and Conditions for Borrowers [R]. Congressional Research Service, 2015: 1 – 70.

[2] 同[1]。

[3] National Association of Student Financial Aid Administrators. National Student Aid Profile: Overview of 2017 Federal Programs [R]. National Association of Student Financial Aid Administrators, 2017: 1 – 22.

免除。

4）联邦本科生家长贷款。其向未独立的本科已婚有子学生和研究生提供。借贷人能够获得与教育成本相当的贷款总额。如接受该项贷款，学生不能接受任何其他渠道的资助。该项贷款不考虑收入情况，但借贷人必须通过信用审查或得到认可。

借贷型资助主要有联邦担保学生贷款项目（后被更名为斯坦福贷款）和联邦家庭教育贷款项目，该类型项目逐渐成为美国联邦政府资助高校学生的主要方式。1992 年，美国《高等教育法修正案》新设联邦福特直接贷款，改变了斯坦福贷款由联邦政府作为担保人通过商业银行提供贷款的做法，由联邦政府直接面向高校学生提供贷款。2007 年颁布的《大学成本降低与机会法》设立公共服务雇员贷款豁免项目，学生毕业后进入政府或其他公共服务机构工作满 10 年后，可免去剩余债务，该贷款豁免项目在 2018 年被正式列入美国《高等教育法》。

20 世纪 90 年代之前，联邦担保学生贷款项目是美国联邦政府资助高校学生的主要方式，而 1993 年《学生贷款改革法》颁布后，联邦教育部直接贷款给学生的方式成为主导。在拨款数额方面，1965 年颁布的美国《高等教育法》规定，美国联邦政府每学年为每名研究生担保的金额不超过1 500 美元，为每名研究生担保的金额累计不超过 15 000 美元，每学年为每名其他类型的学生担保的金额不超过 1 000 美元，为每名其他类型学生担保的金额累计不超过 5 000 美元。20 世纪 90 年代初，随着学生贷款规模的扩大，贷款违约问题伴随而来。1992 年颁布的美国《高等教育法修正案》通过设立联邦福特直接贷款项目并建立学生资助需求分析系统，有效地提高了联邦政府的学生资助效率。[1]

从贷款方式看，美国《国防教育法》从节省联邦支出和保障学生顺利毕业的角度，曾规定国防学生贷款直接由联邦政府贷给学生，而 1965 年颁布的美国《高等教育法》则创立了联邦担保学生贷款制度，即由联邦政府贴息担保，贷款借出方变为社会贷款机构。从贷款对象看，斯坦福贷款、联邦福特直

---

[1] 陈翠荣，张翔志. 美国联邦政府的高校学生资助立法：历程、特点及效应［J］. 中国高教研究，2019（2）：92－99.

接贷款等的对象为高校学生，由学生毕业后偿还。鉴于1980年美国经济衰退的局势及高校学生还贷压力的增大，1981年颁布的美国《高等教育法修正案》设立了本科生家长贷款，1986年颁布的美国《高等教育法修正案》新设了联邦家庭教育贷款，其对象为高校已婚有子学生。该法案允许同一家庭将多种助学贷款合并成一笔贷款来偿还，大大减轻了学生的还款负担。从贷款类型看，美国联邦政府的学生贷款分为无贴息贷款和贴息贷款两种。贴息贷款只针对经济困难的学生。无贴息贷款适用于所有学生。这保证了每位有经济需求的学生都可以申请到贷款。❶

1.2 美国联邦政府对州立大学学生的助学金资助模式

美国联邦政府在美国州立大学学生资助中扮演了积极而又重要的角色。各种研究针对联邦政府资助高等教育的角色提出了大量观点。1968年，克尔（Kerr）将这些观点归纳为5类：减轻家庭与捐赠者税收负担、面向学生的贷款和助学金、向州提供助学金、明确的助学金项目、面向高校的基于公式的助学金，具体见表1.1。❷ 直接资助学生在当时被认为是最佳选项，因为它资助了低收入家庭，由此减少了学生入学的经济障碍，同时也强化了高等教育的市场方法，维持了高校自治，使人意识到高等教育的个人收益。

表1.1 联邦政府高等教育资助的角色分类

联邦角色	经济影响	权利影响
减轻家庭与捐赠者税收负担	资助中高收入家庭，对私立高校的资助（通过高学费）多于对公立高校的资助	反对经济机会均等
面向学生的贷款和助学金	资助低收入家庭（如果基于需求）	助学金资助机会均等并提供额外资源（贷款）

❶ 陈翠荣，张翔志. 美国联邦政府的高校学生资助立法：历程、特点及效应［J］. 中国高教研究，2019（2）：92-99.

❷ MULLIN C M. Past, Present, and Possibilities for the Future of the Pell Grant Program［J］. Journal of Education Finance, 2013, 39（1）：1-14.

续表

联邦角色	经济影响	权利影响
向州提供助学金	在牺牲联邦纳税人利益的基础上资助州纳税人	对集权的控制，限制资金来源的多样性
明确的助学金项目	本质上会产生经济上的不平等	关注资助质量并支持资金来源的多样性
面向高校的基于公式的助学金	平等对待所有高校，但是入学人数多的州获得最多	取决于助学金的意图，对宗教性高校的资助会引发宪法问题

1.2.1 佩尔助学金

1. 佩尔助学金的现状及未来走向

佩尔助学金是美国联邦政府针对低收入家庭的学生实施的基于需求的最大资助项目。佩尔助学金的资助标准常常被州政府和州立大学用作其他基于需求的经济资助标准，也是州立大学学生受益面最广的学生资助项目。2011 年前后，人们提出了大量针对佩尔助学金结构变革的建议，目的是减少和控制佩尔助学金成本的快速增长。有些建议被采纳，有些建议则尚未被采纳。这些建议可以分为 5 组，具体见表 1.2。[1]

表 1.2 佩尔助学金改革建议

改革建议	示 例
调整上限	采用较低的上限，将下限限制在上限的 10% 之内
调整资助时间	限制项目适用年份，将全日制的界定标准从 12 学分改为 15 学分
调整学生参与资格	取消全年资助，取消少于一半时间在校学习的学生的参与资格，取消以能力为标准的参与资格
调整学生与父母收入标准	重新讨论 2007 年以来收入保护补贴发生的变化，扩大免税收入的范围，包括《2007 学院成本削减与机会法案》中取消的项目；重新讨论年收入超过 20 000美元家庭的税收贡献水平的相关政策
调整与高校相关因素	取消管理成本补贴，改进高校的资格准入，将高校资格与资助指标绑定

[1] MULLIN C M. Past, Present, and Possibilities for the Future of the Pell Grant Program [J]. Journal of Education Finance, 2013, 39 (1): 1 – 14.

现在，美国联邦政府已经实施变革以限制佩尔助学金项目成本的进一步增长。如果不削减资助金额，则只能紧紧聚焦前3项调整：调整最大上限、调整资助时间、调整学生参与资格。其首次变革是取消佩尔助学金全年资助。由于佩尔助学金全年资助成本超出了预期，全年资助只实行了一年便被取消。

穆林（Mullin）认为，以下4个因素影响到佩尔助学金的未来走向。❶

1）聚焦学生学业的完成。美国联邦政府从以下4个方面聚焦学生学业的完成：①奥巴马政府曾希望美国再次引领全球高等教育。这种政策定位已经动员了13所旗舰高校和多数州接受联邦政府定下的学业目标。②更多的教育受益只是社会公正议程所倡导的缩小有色人种学生和白人学生在教育所得上的历史性差距而已。③经济情况及与教育受益相关的个人与公共收益问题。拥有学位的学生比拥有中学毕业证书的学生收入更高且失业率更低。④研究表明，全美短缺300万拥有高等教育证书的工程技术人员。鉴于这些原因，如何确保佩尔助学金投入将关系到大量学生能否毕业。

2）聚焦高校资格。重构佩尔助学金的一套建议聚焦高校教育效益的评测。理论上，这种针对高校教育效益的评测被当作利用数据优化投资的一个手段。然而，一个重要的问题是，如何有效地衡量高校的教育效益。其方法之一是以学生毕业率为依据。然而，在2008年颁布的美国《高等教育法修正案》中，国会责成教育部就两年制学院学生毕业率的准确计算方法提出建议，然后建立了学生成功评测委员会。在该委员会的报告中，尽管联邦政府所掌握的高校毕业率为不同高校提供了重要的可比数据，但报告对两年制学院学生的学业成功的轻描淡写误导了公众。学生成功评测委员会提出了大量建议，这些建议的影响尚不可知。衡量某种类型的高校的教育效益对于参与联邦学生资助项目而言并无新意。美国高校存在一个广为人知的违约率，它们不能完全把联邦学生资助作为收入来源。一些就业充分的专业必须满足某些门槛要求以获取参与联邦学生资助项目的资格。而且，有关高校教育效益的讨论逐渐表明在高校内部存在专业差异，而专业可能是高校教育效益分析的较为合适的着眼点。以专业作为高校教育效益分析着眼点的先例是由2010年的专业条例规定的有酬就业确立的。

---

❶ MULLIN C M. Past, Present, and Possibilities for the Future of the Pell Grant Program [J]. Journal of Education Finance, 2013, 39 (1): 1-14.

3）2012 年总统选举结果。佩尔助学金参与资格的许多变革已经进行。当时，国会中的共和党人提出了一些建议。鉴于奥巴马的连任和共和党政治家的新思路，佩尔助学金最大上限未削减，于是这些建议更有可能转向佩尔助学金参与资格的变革。

4）联邦学生资助的滥用。联邦学生资助的滥用包括诈骗、假冒身份及学生接受资助后立即离开高校。美国高校正在努力避免联邦学生资助的滥用。美国联邦教育部正在集中精力审查这一问题。这次审查已经超出了佩尔助学金的范围且扩展到以政府担保为基础的学生贷款中的逃避还款问题及与此相伴的学生贷款的信用。联邦政府有可能会聚焦学生身份的验证和授权，以限制线上学习者的参与。

总之，佩尔助学金在选择与扩大高等教育机会的过程中一直且依然是一个重要的激励性政策。佩尔助学金的未来难以确定。

2. 佩尔助学金的持续变革

佩尔助学金自 1972 年实施以来经历了许多变革，这些变革包括：1972 年扩展到部分时间制学生；1989 年扩展到不足一半时间注册学习的学生；放宽资助资格，扩大资助范围及最大资助额度。1978 年，联邦政府通过了《中等收入学生资助法》。2000 年以来，佩尔助学金的最大资助上限从 2000—2001 学年的 3 300 美元稳步增长到 2010—2011 学年的 5 500 美元。从 2000—2001 学年到 2010—2011 学年，有效申请者数量从 8 745 584 人增长到 17 686 165 人。2010—2011 学年，全美 64% 的佩尔助学金投向公立高校，包括四年制公立高校的 21 719 425 名申请者和两年制高校的 2 460 765 名申请者。在此期间，佩尔助学金的影响和重要性持续增长，它在向低收入学生提供高等教育机会方面扮演着重要角色。[1] 但是，近年来，美国联邦政府在政府预算中大幅削减了包括联邦佩尔助学金、联邦辅助教育机会助学金在内的多项学生资助项目预算。[2] 佩尔助学金预算的大幅削减使得美国广大低收入家庭的学生蒙受了巨大

---

[1] DAVIDSON C. Changes to Federal Pell Grant Eligibility：The Effect of Policy and Program Changes on College Students at Public Institutions in Kentucky［J］. Journal of Student Financial Aid，2013，43（3）：111－131.

[2] 邓文静. 美国 576 家组织上书国会要求保护联邦佩尔助学金［J］. 世界教育信息，2017（10）：73.

的损失。

2012颁布的美国《合并拨款法案》减少了学生资助的范围和资助总量。该法案对佩尔助学金的申请资格有4方面的影响：①将全日制联邦佩尔助学金资助学期从18学期减少到12学期；②将家庭的教育支出水平从32 000美元下调到23 000美元；③取消已经接受最高资助的学生的参与资格；④以受益能力测试的通过或完成6个学分的高等教育作为受资助资格。这些参与资格的变革取消了全年佩尔助学金学生在一个学年第二次接受佩尔助学金资助的机会。❶

家庭的教育支出水平的调整影响了美国州立大学学生的佩尔助学金资助。2007—2008年全美高校学生资助研究的数据表明，14%的公立大学学生受到影响。这一变革对90%的生活在贫困线上的学生产生最大影响。资助学期从18学期降到12学期影响了6.3万~10万名学生。这些学生平均失去了3 905美元的资助。这一变革对以下学生群体的影响更大：非裔美国学生、转学生、工作的成人学生。加利福尼亚州州立大学系统的调查表明，这一变革更有可能影响到四年制学生。加利福尼亚州州立大学系统发现，约4%的学生因此变革失去资助资格。取消已经接受最高资助的学生的参与资格影响了近5%的佩尔助学金申请者。这一变革影响了3 000名学生，这些学生平均失去了506美元的资助。❷

伴随着联邦政府立法机构的这些变革，全年佩尔助学金的取消极大地影响了佩尔助学金申请者。2009—2010学年，全年佩尔助学金实质性地提高了高校入学人数和学生所获学分。佩尔助学金预测成本为每年3亿美元，而实际运行成本每年超过30亿美元。佩尔助学金旨在加速学生获得学位，它为加速了教育进程的学生提供了重要资助。

佩尔助学金申请资格的关键要求是学生及其家庭要表明经济需求，经济需求通过家庭的教育支出水平来测算，家庭的教育支出水平建立在适当的家庭收入信息基础之上，由联邦学生资助免费申请表提供。虽然没有一个绝对的收入

---

❶ DAVIDSON C. Changes to Federal Pell Grant Eligibility: The Effect of Policy and Program Changes on College Students at Public Institutions in Kentucky [J]. Journal of Student Financial Aid, 2013, 43 (3): 111-131.

❷ 同❶。

标准来决定谁有资格申请佩尔助学金，但在2015—2016学年，95%的佩尔助学金申请者的家庭总收入低于6万美元。其他要求包括学生没有获得过学士学位，为了获得证书或学位在高等教育法认可的高校注册，等等。❶

学生可以获得的最大资助量根据佩尔助学金资助规则测算。学生可以获得的最小资助量是佩尔助学金最大资助量减去家庭的教育支出水平或就读成本减去家庭的教育支出水平。对于非全日制学生，其最大受资助量要削减。2019—2020学年，佩尔助学金最高资助额是6 195美元。就学成本是测量学生教育支出的一个方法。符合资助条件的学生花光其助学金并在下一学年继续注册，就可获得全年佩尔助学金或夏季佩尔助学金。在全年佩尔助学金资助下，学生每年能获得1.5倍标准助学金。一个学生终身只能享受不超过12个全日制学期的佩尔助学金资助。❷

佩尔助学金主要按年度酌情拨款发放，但近年来法定拨款在该项目资助中扮演着越来越重要的角色。佩尔助学金最高资助额由两部分构成：酌情设定的最高资助额和法定的附加资助。酌情设定的最高资助额通过年度拨款法案中实施的酌情拨款来资助，通过美国《高等教育法》规定的法定拨款来提供增加部分。例如，2019—2020学年，酌情拨款是224.75亿美元，增加的法定拨款是13.7亿美元。法定增加的资助量完全由美国《高等教育法》授权的法定拨款来资助。2019—2020学年，法定增加拨款60.77亿美元。佩尔助学金免于扣押。❸

佩尔助学金是美国《高等教育法》授权的、联邦政府最大的学生资助项目。2017财年，该项目提供了290亿美元，共资助720万名学生。基于需求的佩尔助学金为所有需要联邦资助的学生提供兜底资助。在2015—2016资助年，佩尔助学金占所有联邦学生资助的72%，占联邦、州、高校、私人学生资助总额的28%。❹ 2017财年佩尔助学金酌情拨款通过立法授权并延长到2018财年。美国《高等教育法》提供永久性法定拨款。

---

❶ DORTCH C. Federal Pell Grant Program of the Higher Education Act: Primer [R]. Congressional Research Service, 2018: 1-37.

❷ 同❶。

❸ 同❶。

❹ 同❶。

为了获得佩尔助学金的资助资格，学生需要满足美国《高等教育法》第四部分有关学生资助的一般条款和佩尔助学金的特别条款。

2018—2019 资助年，美国《高等教育法》第四部分规定的一般条款包括：学生必须在高校的某个专业注册且旨在获取证书或学位；学生为非中小学在校生且拥有中学毕业证书（或相应条件）；学生符合公民要求；18～25 岁的男性学生须在征兵系统中登记；学生注册后须保持学习进步，其有最低平均学分积点（或相应条件）和通过学分、学时最低百分比的要求；学生不得拖欠贷款或不偿还贷款，也不能因欠债而受到判决留置，学生必须偿还通过欺诈手段获得的资助金；学生会因为不正常的注册历史而失去资助资格，如同一学期在多所学校注册并接受资助或接受资助后未获任何学分就离开学校；接受资助期间因拥有或售卖违禁药物被联邦或州判定有罪的学生将失去资助资格。❶

佩尔助学金的特殊要求包括：学生未曾获得过学士学位或更高级学位；学生须在非外国高校注册；根据资助规则，学生须有经济需求；学生未在联邦或州刑法机构受过监禁；学生未因无意识的民事犯罪而受监禁，如性侵（以美国联邦调查局统一规定的犯罪报告为准）；智障学生必须在高校注册。❷

近年来，美国国会试图向在狱中服刑的人员提供佩尔助学金。2015 年，美国教育部启动了佩尔助学金二次机会试验，以测定向狱中服刑人员提供佩尔助学金是否会促使服刑人员注册高等教育。佩尔助学金二次机会优先提供给五年内可能被释放人员。2019 年 4 月，美国审计署报告了佩尔助学金二次机会试验的实施现状。该报告称，在 2017—2018 学年，59 所参与该试验的学校向逾 6 000 名犯人支付了 2 230 万美元的佩尔助学金。学校报告了在试验实施过程中遇到的各种各样的挑战，包括但不局限于以下这些方面：囚犯拖欠学生贷款；囚犯和教师无法证明囚犯的收入和经济需求。在将佩尔助学金扩大到囚犯之前，美国联邦政府的政策制定者要考虑以下几个重要问题：佩尔助学金总成本的增加；联邦政府是否支持监狱开展高等教育效果的研究；在监狱提供高等

---

❶ DORTCH C. Federal Pell Grant Program of the Higher Education Act：Primer ［R］. Congressional Research Service，2018：1－37.

❷ 同❶。

教育的障碍；再次入狱的囚犯在释放之后的求职中可能面临的障碍。[1] 因此将佩尔助学金扩大到狱中囚犯不会一帆风顺。

美国教育部在全美26个州的64所学校开展佩尔助学金二次机会试验的前两年，参与的学校向约8 000名关押学生支付了3 560万美元的佩尔助学金。美国审计署要求教育部对佩尔助学金二次机会试验进行评价，并提出恰当的建议。虽然负责监控佩尔助学金二次机会试验的教育官员尚不知如何对佩尔助学金二次机会试验进行评价，但教育官员必须完成这个评价，否则政策制定者难以面对政策反对者，放弃这种评价也难以为佩尔助学金的改革与创新提供经验与教训。[2]

佩尔助学金资助额度建立在一套资助规则之上。设计这些资助规则是为了确保每一学年经济上最需要的学生得到最高的佩尔助学金资助。当学生的资助需求下降或家庭的教育支出水平上升时，佩尔助学金随之减少直至全部取消。佩尔助学金资助的学生的需求水平根据浮动汇率制测算。佩尔助学金按一定比例分给非全日制学习的学生。佩尔助学金资助规则的一个重要特征是不考虑学生可能接受的其他经济资助或已经接受的其他经济资助。这表明了佩尔助学金是联邦政府的学生兜底资助。在接受佩尔助学金资助的情况下，其他联邦资助也可以添加进学生的资助包里。

佩尔助学金的资助规则还涉及以下3个概念：酌情最高资助、法定附加资助、总体最高资助。酌情最高资助是特别规定的最高资助额度。2018—2019学年，酌情最高资助额度是5 035美元。美国《高等教育法》建立了法定附加资助制度。2018—2019学年，法定附加资助额度是1 060美元，美国《高等教育法》为法定附加资助提供了永久性的不定期拨款。从2013—2014学年到2017—2018学年，法令条款建立了一个公式，根据通货膨胀对附加资助量进行年度调整。在2017—2018学年及随后的资助年，附加资助量与法令条款保持一致。总体最高资助是学生在一个学年里能够享受的佩尔助学金最高资助量。总体最高资助量是酌情最高资助和法定附加资助之和。拿2018—2019学年来说，总体最高资助是6 095美元。相关数据见表1.3。

---

[1] DORTCH C. Prisoners' Eligibility for Pell Grants：Issues for Congress [R]. Congressional Research Service, 20, 2019：1－20.

[2] GOODWIN G L. Actions Needed to Evaluate Pell Grant Pilot for Incarcerated Students [R]. United States Government Accountability Office, 2019：1－45.

表1.3　佩尔助学金资助额度

资助年份	酌情最高资助/美元	法定附加资助/美元	总体最高资助/美元
2014—2015	4 860	870	5 730
2015—2016	4 860	915	5 775
2016—2017	4 860	955	5 815
2017—2018	4 860	1 060	5 920
2018—2019	5 035	1 060	6 095

家庭的教育支出水平是依据美国《高等教育法》界定的计算方法测算出的学生家庭预期能够为学生的教育成本支出的水平。家庭的教育支出水平与就读成本一起决定学生是否符合资助要求，即资助条件基于学生和学生家庭的经济需求。一般来说，家庭的教育支出水平大于佩尔助学金最高资助额度的学生不符合资助要求。家庭的教育支出水平高于就读成本的学生不符合联邦所有基于需求的资助要求。对于依赖型学生、除了配偶之外没有其他可依赖人的独立型学生、除了配偶之外有一个或更多依赖人的独立型学生，其家庭的教育支出水平的计算方法是不同的。一般来说，要求独立型学生是24岁的个体或符合美国《高等教育法》规定的特定标准。24岁以下的学生不符合独立型学生要求，因他们在经济上没有独立于其父母。针对家庭的教育支出水平，联邦政府要求家庭的教育支出水平最低是0美元，对最高的家庭的教育支出水平联邦政府没有具体规定。家庭的教育支出水平是使用家庭收入和税收信息来完成的，联邦学生资助免费申请表需要这些信息。❶

就佩尔助学金的资助目的而言，就读成本是指由高校决定的全日制学生一学年里的教育开销。一般来说，就读成本由以下各项组成：学费和其他费用、书本费、生活用品费、交通费、各种各样的个人花销、食宿费。对于依赖型学生，就读成本还要视具体情况而定。例如，要看学生所学的专业、学生的注册率、学生是否存在某方面残障及学生的居住条件。高校采用的是学生的平均花销成本，而不计算每一个学生的花销成本。平均花销成本的计算必须以同类学生为基础。例如，高校可以依据居住情况建立分类就读成本，如分类为州内或州外、住校或走读。

---

❶ DORTCH C. Federal Pell Grant Program of the Higher Education Act: Primer [R]. Congressional Research Service, 2018: 1-37.

3. 佩尔助学金的资助成效

贝廷格（Bettinger）的研究表明，佩尔助学金减少了辍学。低收入和中低收入学生是佩尔助学金的最大受益者。佩尔助学金计划提高了学生就学的保持率，低收入学生和中低收入学生比高收入和中高收入学生受益更多。

佩尔助学金每年资助了大量高校学生。2015—2016 学年，39% 的高校学生接受了佩尔助学金。表 1.4 显示了 2011—2012 资助年到 2015—2016 资助年佩尔助学金资助人数，以及年度变化和年度百分比变化。佩尔助学金资助人数从 2011—2012 资助年的近 950 万下降到 2015—2016 资助年的逾 750 万。需要指出的是，在既定的资助年份，有大量因素（包括劳动力市场等）会影响佩尔助学金受助人数。

表 1.4 联邦佩尔助学金资助人数

资助年份	佩尔助学金资助人数	基于前一年的变化	变化百分比/%
2011—2012	9 444 000	增加 136 000	增加 1.46
2012—2013	8 959 000	减少 485 000	减少 5.14
2013—2014	8 663 000	减少 296 000	减少 3.30
2014—2015	8 316 000	减少 347 000	减少 4.00
2015—2016	7 660 000	减少 656 000	减少 7.89

佩尔助学金受助者的注册高校不能反映未接受佩尔助学金资助的学生的注册高校。例如，与未接受佩尔助学金资助的学生相比，有更大比例的佩尔助学金受助者就读的是私立营利性高校。表 1.5 显示了 2015—2016 资助年佩尔助学金受助者和非受助者的高校分布情况。每一组分为依赖型学生和独立型学生。不论是独立型学生还是依赖型学生，就读私立营利性高校的佩尔助学金受助者的份额都是这类机构的非佩尔助学金受助者的两倍以上。对这种差异的一种解释是，营利性高校主要面对低收入学生。不论是否是佩尔助学金受助者，多数学生就读的是公立高校。例如，超过一半的独立型佩尔助学金受助者就读的是公立四年制高校（占 22.0%）或公立两年制高校（占 32.5%）。[1]

---

[1] DORTCH C. Federal Pell Grant Program of the Higher Education Act: Primer [R]. Congressional Research Service, 2018: 1 -37.

表 1.5　佩尔助学金机构分布

机构类型	依赖型学生		独立型学生	
	佩尔助学金受助者比例/%	非佩尔助学金受助者比例/%	佩尔助学金受助者比例/%	非佩尔助学金受助者比例/%
公立四年制高校	40.5	40.2	22.0	22.9
私立非营利性高校	14.1	17.6	11.8	11.0
公立两年制高校	27.7	29.0	32.5	49.2
私立营利性高校	6.4	2.4	21.6	8.3
其他高校	11.3	10.8	12.1	8.6
合计	100.0	100.0	100.0	100.0

2015—2016 资助年，佩尔助学金是 16% 的佩尔助学金受助者唯一的经济资助来源。34% 的佩尔助学金受助者没有接受美国《高等教育法》规定的其他资助。多数佩尔助学金受助者（84%）参与了其他学生资助项目。对于家庭的教育支出水平为零的佩尔助学金受助者来说，表 1.6 显示了佩尔助学金、所有贷款及总资助覆盖其就读成本的平均百分比，展示了佩尔助学金和其他资助覆盖佩尔助学金受助者就学成本的情况。在所有佩尔助学金受助者中，佩尔助学金覆盖了其就读成本的 27.1%，所有的贷款覆盖了其就读成本的 20.3%。对于佩尔助学金受助者而言，其接受的总资助不超过其就读成本的 2/3（62.9%）。❶

表 1.6　佩尔助学金受助者的学生资助占就读成本的比例（2015—2016 资助年）

佩尔助学金受助者		佩尔助学金占比/%	所有贷款占比/%	总资助占比/%
所有家庭教育支出水平为零的佩尔助学金受助者		27.1	20.3	62.9
依赖型学生家庭总收入	不到 20 000 美元	29.7	15.0	63.8
	20 000 ~ 29 999 美元	29.6	15.9	66.6
	30 000 ~ 49 999 美元	27.7	14.7	67.3
	50 000 美元或以上	—	—	—

❶ DORTCH C. Federal Pell Grant Program of the Higher Education Act：Primer［R］. Congressional Research Service，2018：1 - 37.

续表

佩尔助学金受助者		佩尔助学金占比/%	所有贷款占比/%	总资助占比/%
独立型学生及其他总收入	不到 20 000 美元	25.6	23.6	61.7
	20 000 ~ 29 999 美元	25.9	24.6	62.2
	30 000 ~ 49 999 美元	25.8	22.1	61.8
	50 000 美元或以上	25.5	24.8	62.2

自 1972 年实施以来，佩尔助学金是美国联邦政府为低收入家庭提供的最大资助项目。在 2017—2018 学年，佩尔助学金共资助 700 多万名低收入家庭学生接受高等教育，绝大多数佩尔助学金获得者的家庭年收入不到 4 万美元。佩尔助学金每年的资助总量主要取决于以下因素：预期家庭收入、高校的运行费用、注册状态、学生是否在整个学年就读。研究表明，佩尔助学金在保证低收入家庭学生的高等教育入学机会方面是成功的。虽然佩尔助学金实施成效显著，但仍有大量的工作要做。❶

1.2.2 联邦补充教育机会助学金

1972 年颁布的美国《教育法修正案》中的基本教育机会助学金计划通过两种模式资助学生。一种是教育部将资金拨给学校，学校按照教育署的要求颁发给学生；另一种是由学校验证学生的申请表后，学生上交给教育部，由教育部将资金直接拨发给学生。虽然在实际操作中基本教育机会助学金不像法案中所说的那样能满足所有的需要，但是它补助的数额在不断增长。1974—1975 学年，即该计划全面实施的那一年，16% 的本科生获得了基本教育机会助学金，其中包括 21% 的新生。❷

除了基本教育机会助学金计划，1972 年颁布的美国《教育法修正案》保留了原来的教育机会助学金、工读计划、国防学生贷款及联邦担保贷款计划，联邦政府将这些学生资助计划作为基本教育机会助学金的补充。在这样的资助

❶ YUEN V. New Insights Into Attainment for Low – Income Students [R]. Center for American Progress, 2019: 1 – 8.

❷ MUMPER M. Removing College Price Barriers: What Government Has Done and Why It Hasn't Worked [M]. Albany: State University of New York Press, 1996: 83.

模式下，学生入学率不断上升，“高收入家庭和低收入家庭学生之间的入学率的差距正日益缩小”。[1]

美国 1965 年颁布的《高等教育法》第四章规定建立教育机会助学金，即现在的联邦补充教育机会助学金的前身。美国联邦政府设立该项目的目的是资助有特殊经济需要的大学生。在 1972 年颁布的美国《高等教育法修正案》中，该项目被重新命名为联邦补充教育机会助学金，作为对基本教育机会助学金（后被改为佩尔助学金）的补充。

按照最初的设计，美国联邦政府设立补充教育机会助学金的目的是通过高校为符合条件的学生提供补充助学金，这些学生缺少补充助学金将无法完成学业。1972 年颁布的美国《高等教育法修正案》要求高校将联邦补充教育机会助学金优先提供给佩尔助学金获得者，然后再提供给未获得佩尔助学金且有特殊经济需求的学生。其最小资助额度为 200 美元，最大资助额度为 1 500 美元，四年总共不超过 4 000 美元。该项目对学生的要求为：必须为本科生、至少有一半时间注册在学、此前没有取得过学士学位。

在随后的几年里，联邦补充教育机会助学金的最初条款得以维持。不过，也有几项值得指出的变革。1986 年颁布的美国《高等教育法修正案》做出了以下变革：①第一次规定高校要提供配套资金。联邦政府要求高校在 1989—1990 资助年提供至少 5% 的配套资金，1990—1991 资助年至少提供 10% 的配套资金，在 1991—1992 资助年及后续资助年提供至少 15% 的配套资金。②注册在学不到一半时间的学生有资格获得联邦补充教育机会助学金。③资助额度调整为 100 ~ 4 400 美元。④高校须提供 25% 的非联邦配套资金。⑤参加留学项目的学生有资格获得联邦补充教育机会助学金。[2]

有关联邦补充教育机会助学金的一个问题是，联邦补充教育机会助学金是否可以更好地针对低收入家庭的学生群体。1972 年颁布的美国《高等教育法修正案》设立了佩尔助学金以提高学生资助的便利性。那时，联邦补充教育机会助学金被保留以补充佩尔助学金的不足。在现有的法律框架下，高校要将联邦补充教育机会助学金优先提供给佩尔助学金获得者。然而，助学金管理者

---

[1] MUMPER M. Removing College Price Barriers：What Government Has Done and Why It Hasn't Worked ［M］. Albany：State University of New York Press，1996：85.

[2] FOUNTAIN J H. The Campus – Based Financial Aid Programs：Background and Issues ［R］. Congressional Research Service，2017：1 – 23.

有权自行决定学生获得的资助金额。国会可能会考虑修改联邦补充教育机会助学金的资助规则，以使联邦补充教育机会助学金只根据法令规定的特定目标偏好提供资助。

在联邦补充教育机会助学金资助中，高校须将联邦补充教育机会助学金提供给符合条件的学生。高校须按照联邦政府学生资助需求分析的相关规定将联邦补充教育机会助学金优先提供给有特殊经济需求的学生和佩尔助学金获得者。为了分发联邦补充教育机会助学金，高校可以对学生进行分类，如根据学生的学籍、入学情况、课程、申请日期或综合因素等进行分类。学生的分类不能用于拒绝联邦补充教育机会助学金对学生的资助，比如，不能制定先到先得的资助政策。

除非教育部部长认为需要支出更高比例的联邦资金以推进该项目实施，否则联邦补充教育机会助学金中的联邦支出不得超过75%，非联邦资金占比至少25%。非联邦资金要求高校出资。高校出资包括高校的奖助学金、免除的学费、州政府奖学金、基金会或其他慈善机构基金。美国联邦教育部规定所有州政府奖学金、助学金均可充作非联邦资金，但属于联邦基金的奖金除外。

学生只有在获取第一个学士学位的过程中才能参与联邦补充教育机会助学金。美国联邦补充教育机会助学金每学年的最大资助额度是4 000美元。如果学生是留学生且留学费用超过国内学习费用，联邦补充教育机会助学金会增加到4 400美元。联邦补充教育机会助学金每年的最小资助额度为100美元。对于注册不到一个完整学年的学生，联邦补充教育机会助学金须按比例削减。如果高校对于联邦补充教育机会助学金的分配部分基于独立型学生（即经济上不再依赖家庭的学生）和非全部时间注册学习的学生的经济需求，高校须划出一定比例的联邦补充教育机会助学金给予以上学生。学生无须偿还联邦补充教育机会助学金。

1.3 美国联邦政府对州立大学学生资助的税收优惠模式

税收优惠是美国联邦政府资助美国州立大学学生的第3种模式。1997年，联邦政府重新颁布了一系列税收抵免和税收扣除政策，其中终身学习税收抵免和希望奖学金税收抵免帮助中等收入家庭的学生负担大学教育的费用。此时，联邦学生资助的本质再次发生变化。虽然这一政策被认为是联邦政府对高等教育投入了400亿美元的资金，但很多人认为这种资助只是大批中产阶层的特权项目，它在政治上是受欢迎的，但是在战略上并没有针对有资金需求的学生。尽管为经济条件不好的学生提供资助的佩尔助学金的规模在不断扩大，但还是有人担心税收优惠主要对中产阶层的高等教育支出产生作用，而不能扩展大学教育的机会。❶

当前，美国联邦政府提供的教育免税项目主要包括3个项目，即美国机会税收抵免、终身学习税收抵免、学杂费税收扣除。学生在同一年里只能申请3个项目中的1项，选择哪个免税项目能够获得最大收益要视学生的具体情况而定。美国联邦政府3个教育免税项目的具体情况见表1.7。

表1.7　美国联邦政府3个教育免税项目

学杂费税收优惠的关键参数	美国机会税收抵免	终身学习税收抵免	学杂费税收
公式	第一个2 000美元的100%加上下一个2 000美元的25%	第一个10 000美元的20%	如果低于第一个限额，边际税率乘以第一个4 000美元的100%；如果低于第二个限额，边际税率乘以第一个2 000美元的100%
符合条件的支出费用	学费、符合要求的杂费及课程资料费	学费、符合要求的杂费	学费、符合要求的杂费
最大受益额	2 500美元	2 000美元	4 000美元乘以申报人的边际税率
可退还性	符合条件的抵免额度的40%	不可退还	不适用该项
收入（修正了的调整后收入）限制	已婚18万美元共同收入，单身9万美元收入	已婚13.1万美元共同收入，单身6.5万美元收入	已婚13（16）万美元共同收入，单身6.5（8）万美元收入
受益限制	每个学生	每个申请者	每个申请者
分阶段或一次性	分阶段	分阶段	一次性

❶　詹姆斯·杜德斯达，弗瑞斯·沃马克．美国公立大学的未来［M］．刘济良，译．北京：北京大学出版社，2006：33.

续表

学杂费税收优惠的关键参数	美国机会税收抵免	终身学习税收抵免	学杂费税收
适用年份	本科教育的前4年	高等教育所有年份	高等教育所有年份
受益年限	生均4年（包括希望奖学金抵免年份）	无限制	无限制
注册时长要求、课程类型要求	至少一半时间注册，学位课程或等同于学位课程	提高工作技能的课程	正规高校的所有课程
合格费用支付人	学生依赖的申请人、该申请人的配偶、学生本人	学生依赖的申请人、该申请人的配偶、学生本人	学生依赖的申请人、该申请人的配偶、学生本人
符合条件的付款时间	始于纳税年或下一个纳税年的前3个月期间为纳税年所在的学期支付	始于纳税年或下一个纳税年的前3个月期间为纳税年所在的学期支付	始于纳税年或下一个纳税年的前3个月期间为纳税年所在的学期支付

美国机会税收抵免的额度是学生花费在学杂费和课程资料费上第一个2 000美元的100%加上第二个2 000美元的25%。免税申请人可以是学生依赖的申请人、该申请人的配偶、学生本人。申请人可以为每一个符合条件的学生申请美国机会税收抵免。学生须是美国公民或外籍居民，尚未完成4年的高等教育，在之前的任意4年尚未申请过美国机会税收抵免或希望奖学金税收抵免。学生须在攻读学位过程中，在纳税年至少有一半时间注册在学。美国机会税收抵免中有1 000美元可以返还，即申请人无须承担纳税义务。调整后收入在16万～18万美元的联合申请人、调整后收入在8万～9万美元的单身申请人的美国机会税收抵免已经逐步淘汰。[1]

为计算美国机会税收抵免额度，免税申请人需填写8863号表格，提供学生的姓名、社会保障号及所在高校。申请人还需交代是否收到了所在学校提供的1098－T表格，报告所在学校的联邦身份号，指出核实了表格中的哪些选

[1] HOXBY C M. Online Postsecondary Education and the Higher Education Tax Benefits: An Analysis withImplications for Tax Administration [J]. Tax Policy & the Economy, 2018, 32 (1): 45－106.

项，回答税收抵免的先前使用情况、至少一半时间注册入学情况、此前的高等教育情况等一系列问题以核实学生的申请资格。

8863 号表格也用于计算终身学习税收抵免。终身学习税收抵免额度是学杂费的 20%，其最大上限为每年 2 000 美元。终身学习税收抵免的最大上限针对每个申请人，而非每个学生。如果学生符合美国机会税收抵免，那么终身学习税收抵免总是偏少。不过，终身学习税收抵免的申请资格限制较少，但学生依然须是美国公民或外籍居民。此前，学生可以拥有任一高等教育经历。学生无须注册学位课程，只要学生所选择的课程能够提高其工作技能即可。终身学习税收抵免没有至少一半时间注册在学的要求。支付单一课程的费用也符合要求。调整后收入在 11.1 万 ~13.1 万美元的联合申请人、调整后收入在 5.5 万 ~6.5 万美元的单身申请人的终身学习税收抵免已经逐步淘汰。终身学习税收抵免不可返还。❶

学杂费税收扣除是一种基于家庭总收入的扣除，这意味着家庭无须逐项列出扣除额。调整后收入少于或等于 13 万美元的联合申请人、调整后收入少于或等于 6.5 万美元的单身申请人享有 4 000 美元的减免额度。调整后收入大于 13 万美元且小于或等于 16 万美元的联合申请人、调整后收入大于 6.5 万美元且小于或等于 8 万美元的单身申请人享有 2 000 美元的减免额度。这些限制是针对每个家庭的，而不是针对每个学生的。学杂费税收扣除是一次性的，且不淘汰。学杂费税收扣除减免的家庭纳税金额（即学杂费税收扣除的价值）取决于一个家庭的边际税率。例如，一对已婚夫妇联合申请人支付了 4 000 美元的学杂费，其收入低于 13 万美元，其边际税率是 25%，其学杂费税收扣除将减免 1 000 美元（4 000 美元 ×25%）。为计算学杂费税收扣除，家庭须填写 8917 号表格，提供学生姓名、社会保障号、学杂费支出。不过，8917 号表格未要求提供学生就读学校的相关信息。❷

如果学生符合美国机会税收抵免的条件，那么学杂费税收扣除则偏少。但是，学杂费税收扣除的享有资格在本质上与终身学习税收抵免一样，学生此前可以拥有任一高等教育经历，也可以注册单一课程。学杂费税收扣除更优惠还

---

❶ HOXBY C M. Online Postsecondary Education and the Higher Education Tax Benefits: An Analysis with Implications for Tax Administration [J]. Tax Policy & the Economy, 2018, 32 (1): 45 - 106.

❷ 同❶。

是终身学习税收抵免更优惠取决于几个因素。在收入范围内，学杂费税收扣除显然更加优惠。但是，终身学习税收抵免已经废止。而且，纳税人的边际税率越高，学杂费税收扣除的价值越大（反之亦然）。因此，在上例中，学杂费税收扣除达到了其最大值（1 000 美元），因为该家庭拥有 25% 的边际税率。相比之下，终身学习税收抵免始终是学杂费支出总额（最高值为 10 000 美元）的 20%，所以，其最大值可能是 2 000 美元。然而，终身学习税收抵免不可返还，因此，它与其他税收抵免相互作用，而学杂费税收扣除则不存在返还问题。也就是说，最好是在实践中计算每个家庭的终身学习税收抵免和学杂费税收扣除，并考虑所有可能的情况，然后比较两者价值的大小。[1]

2009 年实施的美国机会税收抵免政策将教育税收抵免的大部分收益从收入为 2.5 万 ~ 10 万美元的申请者转移到收入较高者，而一小部分转移到收入较低者。2004 年，教育税收抵免的 15% 流入了收入低于 2.5 万美元的申请者，无任何教育税收抵免流向收入达到 10 万美元或更高的申请者。在 2014 年，24% 的教育税收抵免流向收入低于 2.5 万美元的申请者，而 24% 的教育税收抵免流向收入达到 10 万美元或更高的申请者。在 2015 年，学生及其家长通过联邦税收抵免和教育费税收扣除节省 177 亿美元的资金。这项补贴在 2005 年的时候是 85 亿美元，在 2009 年的时候是 186 亿美元。[2]

2015 年，接受教育税收抵免的学生和家长的节税平均约为 1 400 美元。教育税收抵免和扣除是“税收支出”，它们减少了联邦所得税债务和联邦税收，对联邦预算与联邦财政直接支出的影响相同。美国机会税收抵免占整个税收抵免的大部分，适用于调整后总收入高达 18 万美元的纳税人。每位申请者最大受益2 500美元，其中一部分（最高 1 000 美元）可作为无须纳税的申请人退款。

由于教育税收抵免只能部分退款，低收入申请者获得的平均抵免额度小于高收入申请者，高收入申请者有更高的税收负债来抵消抵免。在美国，约有四分之一的学生不符合教育税收抵免的条件，因为他们没有自掏腰包支付学费。许多低收入家庭的学生接受的联邦和州政府助学金涵盖了学杂费，生活费不符

---

[1] HOXBY C M. Online Postsecondary Education and the Higher Education Tax Benefits: An Analysis with Implications for Tax Administration [J]. Tax Policy & the Economy, 2018, 32 (1): 45 – 106.

[2] BAUM S, MA J, PENDER M. Trends in Student Aid 2017 [R]. College Board, 2017: 1 – 32.

合教育税收抵免和扣除的资格要求。2015 年，1 260 万纳税人被免除了 136 亿美元的学生贷款利息，节省税收约 18 亿美元。这再次表明了美国税收抵免资助的政治化，即相对于低收入申请者而言，美国联邦政府的教育税收抵免更有利于高收入申请者，而不是实际上更需要资金的低收入申请者。

在美国，学生所支付的教育费用可以享受希望奖学金税收抵免和终身学习税收抵免。上述所列并未囊括所有的税收抵免法令，而只是提醒人们税法在多大程度上有利于高等教育。美国国会在起草各种条款时非常谨慎，以防止纳税人从同一教育支出中获得多重税收优惠。良好的税收筹划通常需要根据纳税人的具体情况分析，以找出哪种替代方案将产生最大的税收利益。美国机会税收抵免是在 2010 年生效的。2010 年以后，这些规则恢复到《美国复苏与再投资法案》实施之前的规则和限制。❶

在《美国复苏与再投资法案》实施之前，这方面的法律包含了两项不同的税收抵免，用于支付纳税人、其配偶或受抚养人的教育费用，它们是希望奖学金税收抵免和终身学习税收抵免。终身学习税收抵免和希望奖学金税收抵免均不可退还。因此，他们无法将纳税人的纳税义务降低到零以下，所有超额的抵免都浪费了。在 2009 年之前，不可退还的税收抵免包括终身学习税收抵免和希望奖学金税收抵免，可以用来抵消纳税人的例行纳税总额和替代性最低税。2009 年以后，终身学习税收抵免和希望奖学金税收抵免只能用于抵消纳税人的常规税超过暂定税的部分税额。

希望奖学金税收抵免只能用于高等教育前两年合理费用的支出，而终身学习税收抵免可用于任一年份。两者的重要区别是，希望奖学金税收抵免用于支付高等教育的学位教育，而终身学习税收抵免既可用于学位教育，也可用于获得或提高工作技能的非学位教育。在既定年份同时符合两项税收抵免的纳税人可申请任一税收抵免，但不可两项同时申请。如果纳税人为多个符合条件的学生支付符合条件的费用，那么其可以为每个学生申请不同的税收抵免。

2019 年，当各州审视联邦税法变更对其税收的影响并设法调整其税法条例时，各州密切跟踪《减税与工作法案》的实施。由于各州税收政策以复杂而又极具差异的方式与联邦税法条款捆绑在一起，联邦税法改革对各州的影响

---

❶ ROSENBERG D L, SCHULDENFREI A F. Education Expenses: An Analysis of the New American Opportunity Tax Credit [J]. The CPA Journal, 2010, 80 (2): 53 - 55.

各不相同。例如,《减税与工作法案》在普通税收扣除上的增加额及个人税收全免观念的建立对许多州的税收收入产生了重要影响。此外,州和地方税10 000美元预算上限的扣除极大地增加了一些州居民的纳税额。[1]

对于《减税与工作法案》的出台,美国各界的反应不一。支持者认为,使用教育储蓄账户的家庭将从学生贷款利息的扣除中受益。不过,批评人士认为,纳税人标准扣除额的翻倍将减少高校的慈善捐赠。

美国大专院校理事会行政事务官员瓦尔达(Walda)认为,美国联邦政府认识到了雇主提供教育福利的重要性。瓦尔达认同联邦政府保留终身学习税收抵免和学生贷款利息扣除政策。此外,瓦尔达认同联邦当局允许大学用私人活动债券资助基础设施项目。美国大专院校理事会继续关注联邦政府先前支持大学增加收入的税法及限制性条款。威廉姆斯(Williams)指出了《减税与工作法案》对美国高校慈善捐赠的不利影响。[2]

美国教育委员会主席米切尔(Mitchell)指出了税法改革在帮助数百万中低收入家庭的学生及其家庭在支付高等教育费用方面的积极作用。同时,米切尔也指出了《减税与工作法案》使得高等教育费用更加昂贵,它破坏了美国高校财务的稳定性。公立与赠地大学协会主席麦克弗森(McPherson)认为,《减税与工作法案》极大地增加了研究生的经济收入,并使研究生无须负债学习。《减税与工作法案》还批判性地保留了终身学习税收抵免和雇主提供的学费减免和税收优惠。纳税人标准扣除额的增加减少了纳税人通过慈善捐赠支持高校的动机。美国研究生院理事会主席奥尔特加(Ortega)认为,《减税与工作法案》有损于美国的研究生教育。[3]

在美国,父母或祖父母在为孩子的教育进行储蓄时享受州政府的免税,但是不享受联邦政府的免税。不过,如果父母或祖父母将其收入增长递延所得税用于支付合格的高等教育费用,则享受联邦政府的免税政策。2015 年,《保护美国人免受增税法案》对于联邦政府 529 计划的征税规则进行了改革。529 计划可用于支付符合免税条件的计算机、软件和互联网接入费用。此外,学生在

---

[1] United States Senate Committee on Finance. Tax Cut and Jobs Act [EB/OL]. (2017-12-22) [2021-12-31]. https://www.finance.senate.gov/imo/media/doc/11.13%20Section%20by%20Section.pdf

[2] WYMAN-BLACKBURN S. Higher ed responds to the Tax Cuts and Jobs Act [J]. University Business, 2018, 21 (3): 20.

[3] 同[1]。

获取奖学金时，在收到退款后的60天内，以前从529计划中提取的用于支付学费的资金及由奖学金支付的学费可以免费转存到学生的个人账户。与529计划一样，科弗代尔（Coverdell）教育储蓄账户不享受联邦政府的免税，但客户的收入增长递延所得税不仅可用于支付高等教育费用，也可支付中小学教育费用。美国国内税收代码135部分允许父母通过购买美国储蓄债券为孩子的高等教育费用进行储蓄。购买这些债券没有税收减免，但是当债券被赎回以支付高等教育费用时，利息可以部分或全部免税。

与教育有关的减税项目主要用于奖励学位候选人的学费、与课程相关的费用、书本费和设备费免税。师范类专业或管理类专业的学生，其本科学习是免费的或部分学费减免是免税的。免学费福利也可以扩展到雇员的配偶、受抚养人和其他人。雇主每年为雇员提供5 250美元的教育资助是免税的，如果所修课程与工作相关，那么雇主为雇员支付的所有费用免税。雇主为雇员所支付的费用被当作工作条件附加福利。在《减税与工作法案》的推动下，在与工作相关的教育中，以前扣除额为调整后收入的2%的规定在2018—2025财年不再扣除。先前作为税收扣除项的雇员教育费用不再享受税收扣除。个人的教育费用依然享受税收扣除。❶

奥巴马政府向美国中产阶级家庭提供了美国机会税收抵免优惠。美国中产阶级家庭每年可享受2 500美元的高等教育学费税收抵免。奥巴马建议国会将该税收抵免永久化。这样，大学4年中，学生可享有10 000美元的学费税收抵免，这样可以保证不论情况是好是坏，美国家庭都能够投资家庭的未来。奥巴马指出，没有什么比削减教育投资更为短视的行为了。他高度评价了美国机会税收抵免为美国高等教育所作出的突出贡献。❷

《减税与工作法案》带来的变革极大地影响了高等教育政策的制定。例如，在弗吉尼亚州，联邦税法改革已成为州预算调整的核心驱动力量。由于收入的动态性，弗吉尼亚州打算用部分预算盈余进行重要的高等教育投资。在其他一些州，州立法人员继续寻求如何才能在州和地方税扣除上合法地避开预算

---

❶ KESS S, GRIMALDI J R, REVELS J A J, LAULETTA T K. Paying for Higher Education under the Tax Cuts and Jobs Act [J]. The CPA Journal, 2018: 64-67.

❷ OBAMA B H. Remarks on the American Opportunity Tax Credit [Z]. Daily Compilation of Presidential Documents, 2010: 1-3.

上限。源自联邦、州和地方税收负担的增加将对各州最小化其开支施加压力。在这样的背景下，高等教育成为缩小开支的对象。最后，普通税扣除的增加很难为小额慈善捐赠者提供动力，包括对美国州立大学基金会的捐赠。这种慈善捐赠变化的影响在2019年备受关注，它对美国州立大学的影响已经演变成为州层面的问题。

2018年影响各州立法议程的联邦政策是联邦政府2017年下半年批准的税法议案。众多高等教育媒体聚焦针对学生和高校的条款。美国州立大学一致反对废止州和地方税扣除法案，该法案最后一部分允许纳税人依据联邦税法将其州和地方税扣除到10 000美元。对于早先的立法草案来说这是个进步，不过它依然对有些州施加了新的压力，尤其是对一些高税收的州，因为一些纳税人在州和地方层面要支付更多税。

税法的一个大问题是联邦税法变革怎样影响州税收收入，进而影响高等教育资助。州税法要顺应联邦税法以为纳税人和州简化纳税程序。根据美国税务中心的统计，27个州使用联邦的总收入调节标准作为其纳税基础，6个州依赖于联邦税收收入，3个州使用联邦税收总收入。40多个州的税法与联邦税法对公司收入的界定一致。此外，有20个州的税法条款与联邦税法条款自动衔接，20个州的税法条款与联邦税法的某些特别条款衔接。

由于州和联邦税务的交织关系，新税法影响州的预算。然而，它对各州的影响程度有所不同而且难以区分。一些人已经对新税法的合法性提出质疑，还有一些人为州政府提出了应对新税法的策略。一些州的预算测算者预测州收入源于新税法的增加，而其他一些州的官员则发现了源于新税法的预算损失。由于许多州的预算紧张，即使州税收政策稍有变动也能够对美国州立大学学生资助产生重要的影响。

近年来，为了支付令人望而生畏的高额的高等教育费用，美国一部分家庭开始提前为孩子的高等教育支出进行储蓄，储蓄资金无须缴纳个人所得税。美国公民的定期存款和收入如果用于“恰当”的教育费用，一般不需要缴纳个人所得税。但是对于撤销高等教育储蓄的客户，储蓄的收益资金需要缴税，如果收益资金超过调整后规定的教育支出，还要缴纳10%的罚款。调整后规定的教育支出等于规定教育支出减去免税的教育资助和美国机会税收抵免。[1]

2016年之前，尽职要求和未尽职惩罚只适用于个人所得税抵免。2016年之后，美国公民要申请税收抵免、退税、税收返还，尽职要求和未尽职惩罚扩大到儿童税收抵免、附加儿童税收抵免及美国机会税收抵免。2019年，根据《减税与工作法案》的规定，申请退税或返还的美国公民，其户主如未尽职则要面临530美元的罚款。[2]

1.4 美国联邦政府的工读计划

美国联邦政府的工读计划首先是在1964年颁布的美国《经济机会法案》的授权下实施的，由美国劳工部经济机会办公室管理。1968年，联邦工读计划改由美国《高等教育法》第四章授权。工读计划是美国联邦政府最早推出的学生资助项目之一，旨在促进低收入家庭学生的入学与学业保持。

1.4.1 美国联邦工读计划简介

自1964年实施以来，美国联邦政府的工读计划每年提供大约10亿美元，占参与计划学生经济收入的75%。学生一般每周在校园工作10~15小时。联邦工读计划的范围很广，每年服务近70万名学生，大一新生每10人就有1人参与。每一位受助者年均资助额度是2 270美元，占美国州立大学学生学杂费支出的24%。[3] 不过，联邦工读计划的资助金额占美国大学生资助总数的比例不足1%。[4]

尽管资助范围大，联邦政府为工读计划提供的资金一直停滞不前。虽然入学人数和学生需求均有所增长，但2000年以来，扣除通胀因素，工读计划资

---

[1] JONES K T, HAMM R. Look before you leap into a 529 plan [J]. Journal of Accountancy, 2020, 229 (6): 1-7.

[2] Wolters Kluwer. Paid Tax Return Preparers Subject to New Due Diligence Requirements [A]. 2019, 33 (3): 1-4.

[3] SCOTT-CLAYTON J, ZHOU R Y. Does the Federal Work-Study Program Really Work—and for Whom? [R]. Center for Analysis of Postsecondary Education and Employment, 2017: 1-8.

[4] 庄丽君. 美国大学生资助体系现状及发展趋势 [J]. 世界教育信息, 2015 (2): 24-28.

助金实际下降了近25%。工读计划支持力度上的衰减反映了两个方面的问题：第一，缺少足够的证据支撑工读计划对学生学习成果的正面影响；第二，以校园为基础的资助机制将资金直接提供给了高校而不是学生，这极大地有利于顶尖私立大学。一些小型的私立大学能够向所有符合条件的工读计划申请者提供资助，而美国州立大学通常只能向一部分申请者提供工读计划资助。在一些社区学院，工读计划资金实际上是不存在的。❶

虽然工读计划降低了参与者第一学年的学分积点，但现有研究表明，它对学生的保持率、毕业率和就业率存在持久的正面影响。有些公立大学工读计划的参与者比其他类型高校的参与者体验到了更多的收获。在现有的分配公式下，美国州立大学的工读计划参与者处于不利地位。

美国联邦政府的工读计划揭示了大量的真相。美国联邦政策制定者希望要么增加公立高校工读计划的分配名额，要么变革现有的公式，以减少公立高校的资金劣势。高校能够采取具有针对性的措施，将工读计划优先提供给那些潜在的辍学者，为大一新生提供支持，因为他们面临平衡学习与工作的挑战。

美国高校学生资助管理者负责将资金分配给符合条件的联邦工读计划申请者。补充教育机会助学金和帕金斯贷款两个项目要求将资助优先提供给有特殊经济需求的学生，而工读计划面向所有有经济需求的学生。联邦工读计划资助一般基于以下因素：学生的经济需求、可获得的工读计划资金、学生是否申请联邦工读计划并愿意工作、学生可获得的其他财政资助、工资标准、学生每周可工作时间等。联邦工读计划资助额度没有最高上限。❷

1.4.2 美国联邦工读计划涉及的工作

首先，美国联邦工读计划的工作岗位涵盖高校，私营非营利组织，联邦、州、地方公共机构，私营营利性机构。所有工读计划工作须符合以下条件：不得让雇用的学生流离失所或损害现有的服务合同；恰当的、合理的工作类型应该考虑地理区域、学生对岗位的熟练程度等因素；任何设施的建设、运行或维

---

❶ SCOTT－CLAYTON J，ZHOU R Y. Does the Federal Work－Study Program Really Work—and for Whom?［R］. Center for Analysis of Postsecondary Education and Employment，2017：1－8.

❷ FOUNTAIN J H. Campus－Based Student Financial Aid Programs Under the Higher Education Act［R］. Congressional Research Service，2018：1－26.

护不得用于宗教活动；通过工读计划支付给学生的工资不得低于 1938 年颁布的美国《公平劳动标准法案》第六章所规定的联邦最低工资标准。

除了以上要求，为私营营利性组织服务的学生所从事的工作岗位必须与其专业相关。而且，如果学生已经在这种私营营利性组织从事了与其专业无关的工作，那么这些学生将不能参与联邦工读计划。私人机构雇用的学生要在校园里受雇，或者私人机构为学生提供与其教育直接相关的工作或社区服务工作。如果私人机构已经在某项工作中雇用了其他的学生，则它不能再雇用工读计划的学生。私营营利性机构提供的工作必须来源于赞助性机构和营利性组织。

其次，工读计划还涉及社区服务工作。自 2000 财年以来，美国联邦政府要求参与工读计划的高校至少将工读计划 7% 的资金用于支付学生的社区服务工作，包括通过重新分配其他高校未使用的工读计划资金而得到的所有工读计划资金。为了满足 7% 这个要求，联邦政府要求高校确保至少在社区服务中实施一项家庭教师或家庭扫盲计划。根据美国《高等教育法》第 489 款规定，美国州立大学最多只能从工读计划资金中提取 10% 的管理费用于实施工读计划项目中的社区服务学习项目。

美国《高等教育法》对社区服务的界定如下：美国州立大学所确认的社区服务是指通过与地方非营利组织、政府组织正式或非正式协商，提高社区居民尤其是低收入居民生活质量，或者解决他们的特定问题，如健康护理、儿童护理、识字计划、教育（包括个别指导服务）、安全与健康、社会服务、交通、住房与社区改善、公共安全、应急准备与响应、犯罪预防与控制、娱乐、乡村发展及社区改善等。[1]

1990 年《国家社区服务法案》第 101 节第 20 款所界定的社区工作包括：残疾学生支援服务；在个人指导、教育与娱乐、职业咨询等活动中学生作为导师所开展的活动；个别指导与家庭识字计划，包括招募学生作为学龄前儿童、小学生、家庭识字计划的阅读指导教师。在许多情况下，个人指导与家庭识字计划计入高校 7% 的社区服务要求。然而，情况并非总是如此。比如，美国教育部规定，如果参与工读计划的学生作为指导教师受雇于日托中心，而该日托

---

[1] FOUNTAIN J H. Campus - Based Student Financial Aid Programs Under the Higher Education Act [R]. Congressional Research Service, 2018: 1 - 26.

中心又不对社区开放，则学生的该项工作不能计入7%的社区服务要求。❶

在联邦工读计划中，美国《高等教育机会法案》用独立的拨款授权设立了校外社区服务工作。在校外社区服务工作中，美国教育部部长有权向参加工读计划的美国州立大学提供补助金，以补充校外社区服务工作资金。参与工读计划的高校须将资金用于招募和补偿开展社区服务的学生，为学生支付交通费和培训费。在向美国州立大学发放补助金时，教育部部长要将资金优先提供给开展早期儿童教育、紧急情况预防和自然灾害预防方面的社区服务工作。

最后，工读计划也涉及公民教育和参与活动。美国《高等教育机会法案》修订了联邦工读计划，建立了新的联邦工读计划工作分类。在可行的范围内，高校必须优先安排参与工读计划的学生从事与自然灾害、恐怖活动及其他紧急事项相关的疏散、应急响应、伤害预防策略等活动。美国州立大学还可以使用工读计划资金雇用学生开展学校的公民教育、增强政府职能或资源意识、提高公民参与等活动。美国州立大学还必须确保参与工读计划的学生得到适当的培训以开展这些活动。❷

在联邦工读计划中，学生的工资由联邦资金和州立大学资金共同承担。联邦政府提供的资金随着联邦工读计划类型的不同而有所不同。对于多数联邦工读计划工作，联邦政府提供资金的最高比例是75%。然而，在某些特定的情况下，联邦政府提供的资金比例会更高一些。在私营营利性组织，联邦政府提供的资金比例限制在50%以内，高校的配套资金可以来自联邦工读计划之外的任何资金，可以高校提供的服务如学费、膳宿费、书本费等形式支付。表1.8显示了针对不同类型的联邦工读计划联邦政府提供的资金比例。❸

表1.8 联邦政府针对工读计划的支出比例

工读计划雇用类型	联邦政府最高支出比例	具体要求
一般工读计划	75%	一般要求

❶ FOUNTAIN J H. Campus – Based Student Financial Aid Programs Under the Higher Education Act [R]. Congressional Research Service, 2018: 1 – 26.

❷ 同❶。

❸ 同❶。

续表

工读计划雇用类型	联邦政府最高支出比例	具体要求
除高校之外的私营非营利性机构或政府机构	按照规定可能超过75%，但不超过90%	根据具体情况为学生选择雇主，否则将无法支付雇佣成本，超过联邦资金比例75%的工作岗位不超过一所州立大学参与联邦工读计划学生的10%
特例①	100%	美国教育部部长决定联邦政府支出比例有必要超过75%以促进联邦工读计划项目②
私营营利性部门	50%	营利性组织须提供一定比例的非联邦资金
个人指导与识字计划	100%	优先支持工读计划学生参与中小学教育资助计划
工作学院	50%	独立的资金授权，职业院校须提供与联邦资金对等的配套资金
公民教育与参与活动	100%	开展学校公民教育活动，增强政府职能或资源意识，提高公民参与

注：① 法令规定，这些特例根据教育部发布的文件具体规定。

② 教育部制订的计划包括发展西班牙裔服务机构计划、高校强化计划、加强阿拉斯加土著和夏威夷土著服务机构计划、加强黑人学院计划及国会联邦法规第675.26（d）条。

在美国联邦政府的工读计划中，联邦政府向受灾学生拨款需要保持一定的灵活性。受重大自然灾害影响的高校在支付学生的工读计划费用时可能会受到一定影响。在资助年份，学生必须获得联邦工读计划收入。但由于自然灾害，学生不能充分履行工读义务，而且也无法获得另一份工读工作。在这种情况下，受灾害影响的学生可获得联邦工读计划工资，但不超过一学年。除非配套资金被美国教育部部长免除，否则向受灾学生支付的工资还必须满足联邦政府最高配套资金的要求。

在美国联邦政府的工读计划中，美国州立大学可以使用最多不超过其联邦工读计划拨款10%的资金或7.5万美元建立或扩大工作场所，发展或与其他高校联合发展联邦工读计划。联邦工读计划必须为大一新生开发工作岗位，包括社区服务工作。开发的工作岗位还必须符合学生的时间要求并有助于学生完成其教育和职业目标。在这项计划中，联邦支出不能超过80%。工作岗位开

发计划不能运用在校内，也不能用于毕业生寻找就业岗位。❶

1.4.3 美国联邦工读计划中的工作学院计划

美国联邦工读计划授权在工作学院使用资金支持综合性的工作 - 学习 - 服务计划。工作学院是四年制公立高校、私立非营利高校及对社区服务有承诺的学位授予高校。这些美国州立大学要求学生参与综合性的工作 - 学习 - 服务计划，助力学生的教育和社区福利。特别是，全日制学生中至少有一半学生要参与综合性的工作 - 学习 - 服务计划，每周参与工作 - 学习 - 服务活动至少 5 小时，或每学期至少 80 小时。在工作学院，所有住校生必须参加工作 - 学习 - 服务计划，它是大学教育计划的内在组成部分。所有住校生必须在入学和毕业学年参加工作 - 学习 - 服务计划。工作 - 学习 - 服务计划必须作为学生教育经历的组成部分。学生未通过工作 - 学习 - 服务计划的考核相当于未通过正规学术课程的考核。❷

工作学院计划有其独自的拨款授权。高校也可以将其常规的联邦工读计划资金转入工作学院计划。工作学院计划的授权活动包括为学生参与工作 - 学习 - 服务计划提供支持，在高等教育中推广工学服务体验，开展传统的联邦工读计划项目，开发工作 - 学习 - 服务工作场所，制订工作 - 学习 - 服务发展计划，开发、管理和评估综合性的工作 - 学习 - 服务计划，协调并实施联合计划推动工作 - 学习 - 服务计划，针对工作 - 学习 - 服务计划开展综合性的纵向研究。

不管位于何地、环境如何、办学理念如何，工作学院都秉持服务理念，强调工作的价值和为社区做贡献的重要性。与其他高校寻求学生和家长的经济支持相比，工作学院服务于特定人群，较少排他性地聚焦于学校内部。的确，并非每一个大学生都有经济需求，但聚焦快速就业能力吸引了不少学生来到了工作学院。不过，伴随着本科生生源的不断多样化，加之美国持续为处境不利的学生提供各种机会，支持他们获得证书，明确地将学习与工作联系起来成为高等教育的一种时尚。当传统高校寻求以更好的方式展示其投资回报的时候，工

---

❶ FOUNTAIN J H. Campus - Based Student Financial Aid Programs Under the Higher Education Act [R]. Congressional Research Service, 2018: 1 - 26.

❷ 同❶。

作学院模式对于大量高校领导人而言或许具有重要的借鉴价值。[1]

美国政府在1993年开始实施的社区服务计划也是联邦工读计划的一个组成部分。2004—2005 学年，联邦政府拨款11.9 亿美元用于联邦工读计划，82.6 万学生参加工读计划项目，平均每人受助1 446 美元。[2] 此后，政府致力于继续扩展通过服务国家或社区的方式支付其教育费用的联邦工读计划。1993年通过的法案设立了美国志愿服务团项目，其使学生可以通过在公共需要的领域服务两年来挣得需要支付的教育费用，也可以用来偿还教育贷款。政府的这一提案在历史上有很多先例，如20世纪30年代的平民保护团、和平团、美国志愿服务队、国家健康服务团等。1993 年，美国国会修改了联邦工读计划，要求美国高校把联邦工读计划拨款的5%用于社区服务。1998 年，美国国会又要求美国高校把联邦工读计划拨款的7%用于支持识字项目。[3]

需要说明的是，联邦工读计划虽主要面向本科生，但也有一部分资助给予了研究生和专科生。联邦政府要求美国高校提供20%的工读计划配套经费，而这种配套经费越来越多地用于助教经费。传统上，美国高校的学生资助主要基于学术成就予以奖励，现在的资助模式呈现出一种二元机制。助研经费、从联邦和私人渠道获得的奖学金依然根据学术竞争的标准给予，而大部分的工作津贴、贷款和其他形式的资助则基于学生的需要给予。[4]

大量证据显示，在校内工作比在校外工作更能帮助学生融入社会并促进其学术能力的全面发展，但根据全美教育统计中心估计，在校园工作的学生只占工读计划参与者的15%。[5] 因此，大量的校外工作并不能有效地提升学生的学术能力，这或多或少偏离了教育的目标，显得得不偿失。

---

[1] PICKFORD J. Earning to Learn: How America' Work Colleges Are Bridging Equity Gaps and Connecting Education to Employment [R]. American Enterprise Institute, 2018: 1 - 14.

[2] 王传倩. 美国联邦政府大学生资助体系研究 [D]. 东北师范大学, 2007: 15.

[3] 菲利普·G. 阿特巴赫，罗伯特·O. 波达尔，帕崔凯·J. 干波特. 21世纪的美国高等教育——社会、政治、经济的挑战（第2版）[M]. 施晓光，蒋凯，主译. 青岛：中国海洋大学出版社，2007：140.

[4] 菲利普·G. 阿特巴赫，罗伯特·O. 波达尔，帕崔凯·J. 干波特. 21世纪的美国高等教育——社会、政治、经济的挑战（第2版）[M]. 施晓光，蒋凯，主译. 青岛：中国海洋大学出版社，2007：141.

[5] 亚瑟·M. 科恩，卡丽·B. 基斯克. 美国高等教育的历程（第2版）[M]. 梁燕玲，译. 北京：教育科学出版社，2012：305.

1.5 退伍军人再适应法

美国联邦政府对退役军人的资助可追溯到第一次世界大战期间失去生活能力的退伍军人。1944 年 6 月 22 日，美国第 78 届国会通过了《退伍军人再适应法》。这一法案支持了在任一高校就读的所有“二战”退役士兵，而不仅仅是失去生活能力的士兵。《退伍军人再适应法》的成功凸显了美国联邦政府致力于清除退伍军人接受高等教育的经济障碍。1947 年总统高等教育委员会指出了退伍军人在接受高等教育时面临的这些障碍。1950 年，总统高等教育委员会建议对扩大高校学生资助进行联邦立法，但没有成功。直到 1958 年，苏联人造地球卫星上天，为加强高等教育的力量，美国《国防教育法》才建立了联邦学生资助制度，为有经济需要的学生提供低息贷款。[1]

《退伍军人再适应法》是解决退伍军人问题、扩大低收入退伍军人接受高等教育机会的联邦资助法案。法案为退伍军人提供了包括教育和培训、购买私人住房的担保贷款、失业津贴等 6 个方面的资助，其中教育和培训是特别重要的部分。

法案规定，凡是服役达到 90 天、没有不光彩历史的美国退伍军人都有资格获得美国联邦政府的教育和培训资助。资助的具体规定是：符合资助资格的美国退伍军人有权在一所适合他的且退伍军人管理局认可的教育和培训机构接受至少 1 年总共不超过 4 年的教育和培训。退伍军人必须在退役后 2 年内或在战争结束后 2 年内开始接受教育和培训。教育和培训必须在战争结束后 7 年内完成。接受教育或培训的退伍军人可从退伍军人管理局领取每月 50 美元的生活费，如果退伍军人有一名或多名需要供养的家属则可领取每月 75 美元的生活费。退伍军人管理局还向教育或培训机构支付包括学费、实验费、图书费、医疗费在内的每人每学年 500 美元的费用。[2]

退伍军人可利用其所获得的资助接受各种各样的教育或培训，如读中学、学习修理半导体、攻读研究生等。这一时期，共有 780 万名“二战”退伍军

---

[1] MULLIN C M. Past, Present, and Possibilities for the Future of the Pell Grant Program [J]. Journal of Education Finance, 2013, 39 (1): 3-14.

[2] 王英杰. 美国高等教育的发展与改革 [M]. 北京：人民教育出版社，2001：249.

人接受了《退伍军人再适应法》规定的某种形式的教育或培训，其中约 200 万人进入大学或学院接受教育或培训。美国联邦政府用于“二战”退伍军人教育和培训的费用总共约 145 亿美元，其中约 55 亿美元用于资助退伍军人接受高等教育。❶

《退伍军人再适应法》给退伍军人提供的帮助中，最重要的是教育资助。它是美国高等教育史上具有里程碑意义的事件。它提高了高等教育的地位，不仅政策制定者认识到高等教育是解决国家危机的重要手段，民众也认识到高等教育对改善生活条件和社会地位的关键作用，从而由衷地产生了对高等教育的敬重之情。它给予贫困士兵接受高等教育的机会，促进了高等教育大众化。它提供了联邦政府资助高等教育的先例，并使学生资助成为联邦政府干预高等教育的重要方式。退伍军人给人们留下的成熟、认真的印象泛化为对整个大学生的高度评价，这对美国 20 世纪 50—60 年代研究生教育的发展起到了支持作用。它衍生出许多新的高等学校，推动了一批新的美国州立大学的诞生。❷

1.6　美国联邦政府州立大学学生资助模式简评

1.6.1　美国联邦政府州立大学学生资助的政治化、市场化、有偿化

虽然美国州立大学对来自中低收入家庭学生的无偿资助迅速增加，但联邦政府对低收入家庭学生的资助在学费中所占的比例却下降了。美国联邦政府的资助原则发生了变化，从早前的基于需要转向了基于政治选票，美国联邦政府的学生资助呈现出政治化倾向。早期的学生资助首先满足有经济需要的学生的需求，关注低收入家庭的学生。然而，在 20 世纪 70 年代后期和 80 年代早期，《中产阶级资助法》使中等以上收入家庭的学生也有资格接受联邦资助。联邦资助模式的转变导致了联邦政府的学生资助从资助那些需要资助的人转向资助那些拥有政治权力的人。有一些州甚至故意把资金投向那些中上等收入的学生

---

❶ ALTERMAN R C. Manpower Policy and Individual Need in the Development of Federal Aid to College Students ［M］. Ann Arbor：The University of Michigan School of Education，1973：29.

❷ 郝艳萍．美国联邦政府干预高等教育机制的确立［M］．杭州：浙江教育出版社，2015：58.

以获得更多选票，资助项目明显地反映出收买中上阶层选票的政治意图，而不是为那些最需要资助的学生提供更多的教育机会。

学生资助从无偿捐助转向贷款，然后又转向主要有利于中上等收入阶层的税收抵免，这表明了美国联邦政府学生资助政策的观念性转变：从高等教育是公共产品转为高等教育主要是有益于个人的产品。美国联邦政府主要通过税收资助而不是按需拨款来提供支持，这表明它更倾向于对市场投资，而不是对最需要的学生或院校的能力投资，即体现了学生资助的市场模式。这表明，对于联邦政府来说，中产阶层的意见和呼声要比扩大低收入学生的教育机会更为重要。

对此，麦克弗森（McPherson）和夏皮罗（Shapiro）做了很好的总结。在过去几十年，美国联邦政府的学生资助从助学金转为贷款，受惠者很大程度上是中产阶级和高收入家庭的学生。其实，这些人上大学，是否贷款无关紧要，但是给低收入家庭学生的联邦助学金却实实在在地影响了这个群体的注册比例。因此，美国联邦政府学生资助政策调整的方向明显是错误的，也是极其虚伪的。❶

美国州政府和联邦政府都把学生资助定位在为了中上等收入家庭的利益，而忽视了那些没有得到帮助就将失去大学教育机会的贫困学生。具有讽刺意味的是，美国州立大学的董事会也采取了同样的做法，他们将学费降到不切实际的低水平，而不是用额外的学费收入来建立强大的资助项目。这在一定程度上表明了他们对这样一个事实的深刻误解：扩大教育机会不是通过资助那些能够负担得起高等教育费用的学生而实现的，而是通过给那些无力支付学费的学生提供经济支持和帮助实现的。这些政策中有一个很实际的因素：来自中上等收入家庭的投票者要比低收入家庭的投票者更有影响力。归根结底，美国联邦政府的这些资助政策是虚伪的，因为多数主张低收费和为中产阶层提供教育利益的大学董事会成员和领导者自己通常属于收入较高的阶层。❷

美国州政府和联邦政府的资助项目继续集中于补贴中高收入阶层的学生，而不是为那些经济最困难的学生提供受教育的机会。那么，数以百万的美国人

❶ 亚瑟·M. 科恩，卡丽·B. 基斯克. 美国高等教育的历程（第2版）[M]. 梁燕玲，译. 北京：教育科学出版社，2012：356.

❷ 詹姆斯·杜德斯达，弗瑞斯·沃马克. 美国公立大学的未来 [M]. 刘济良，译. 北京：北京大学出版社，2006：34-35.

发现高等教育高不可攀。美国州立大学的未来发展需要一个全新的学生资助模式。美国联邦政府的学生资助项目不应以贷款和税收优惠为主，而是应重新根据学生的经济需求为学生提供无偿补助。加强高等教育的公共资助、把经济资助集中在最需要的人身上与扩大高等教育机会的战略是一致的。美国州立大学应将学费和学杂费提高到更能反映真实成本的方式，并取消高等教育的隐形补贴，以便使市场能够以最有效的形式来运作学生资助项目，并把美国联邦政府对美国州立大学直接资助的资金更多地投向学生资助项目，为最需要的学生提供受教育机会，而不是用于拉拢中上等收入阶层的选票。

1.6.2 有关高学费－高资助模式的争论

美国联邦政府学生资助模式的转变表明，联邦资金把越来越多的优先权给予了私立高等教育。美国州立大学在从这些联邦资助项目中获益方面处于劣势地位。由于联邦政府的学生资助政策对学费是不做任何限制的，所以私立大学可以不断地提高学费，以从联邦财政那里获得越来越多的资金。尽管事实上私立大学只招收了不到20%的全国大学生，而获得的联邦经费约为联邦高等教育资助的40%。低成本的公立大学的学费由于受州政府和董事会的限制，不能采用从联邦资助项目获益最大的高学费－高资助模式。❶

具有讽刺意味的是，美国州政府与联邦政府在这个问题上推出了完全不同的政策。一方面，多数州政府努力控制学费以扩大教育机会，将学费增长限制在消费者价格指标以下；而另一方面，联邦政府却为私立院校学费的增长提供经济刺激，即高学费－高资助的联邦资助模式倾向于奖励收费特别高的私立大学。

高学费－高资助的联邦资助模式在美国高等教育界备受争议。

反对高学费－高资助模式的理由可以总结为以下4点：①由于公立高校每年15 000美元到25 000美元的“一口价”学费，即使有获得资助或降低学费的可能性，很多有意愿接受高等教育的学生仍望而却步；②高学费－高资助模式会降低公立高校的质量。这种对公立高校地位和质量的损害不符合美国利益；③高学费并不能保证高资助，高学费－高资助模式会带来更高学费、更低

---

❶ 詹姆斯·杜德斯达，弗瑞斯·沃马克. 美国公立大学的未来［M］. 刘济良，译. 北京：北京大学出版社，2006：33.

税收、资助不足、就学机会减少及公立高校的情况恶化；④最根本的是，高学费－高资助模式否认了高等教育作为一种公共产品的合理性。❶ 总之，反对高学费－高资助的观点认为这种资助模式过于简单化，政治上过于天真而且代表中高收入人群的利益，它仅仅为私立高校而制定。

公立高校并不只是提供补助给那些没有其他机会接受高等教育的学生，其还服务社会、支持经济发展，成为国家的文化象征。高学费－高资助模式实质上否认了公立高等教育的公共目标，把高等教育当作不接受补贴、学费昂贵的完全私人性质的产品，而仅仅把公立高校看作为那些无力负担高等教育费用、家境贫困的学生提供资助的机构。各州政府需要考虑这些理由是否仍然是资助美国州立大学的重要依据，或者说它们的主要目标是不是让有经济需要的学生进入美国州立大学。在这种情况下，正如公共财政理论正确论述的那样，高学费－高资助模式会使纳税人的负担减轻。❷

高学费－高资助模式主要基于效率和公平的要求。对于效率的主张源于公共财政理论，认为对于一个产品或一种服务，如果取消或减少补贴，消费者仍然会去购买，那么这项补贴对于公共税收的使用就是没有效率的。如果允许美国州立大学提高学费，那么让渡出来的税收可以优先用于其他的公共需求方面，例如，基于需求的学生资助、医疗服务、公共基础设施建设、减税。如果因为补贴减少和学费上涨，公众对高等教育的需求下降，这同样符合对国家资源有效使用的原则。补贴会造成产品或服务的过量生产。美国州立大学收取高学费会使那些未确定是否要接受高等教育、准备不足的学生退出。这些学生在高学费－高资助模式的倡导者看来是在占用美国州立大学的空间，浪费珍贵的资源。将美国州立大学得到的公共财政资助转移到基于需求的学生资助上来、转移到私立院校，会把学生吸引到私立院校中去，私立院校因此能够以较低的公共税收来资助最优秀的学生，也减少纳税人的额外净支出。❸ 显然，对于效率的过度追求损害了对于公平的诉求，损害了美国州立大学的利益。

---

❶ 菲利普·G. 阿特巴赫，罗伯特·O. 波达尔，帕崔凯·J. 干波特. 21 世纪的美国高等教育——社会、政治、经济的挑战（第 2 版）［M］. 施晓光，蒋凯，主译. 青岛：中国海洋大学出版社，2007：301.

❷ 同❶。

❸ 菲利普·G. 阿特巴赫，罗伯特·O. 波达尔，帕崔凯·J. 干波特. 21 世纪的美国高等教育——社会、政治、经济的挑战（第 2 版）［M］. 施晓光，蒋凯，主译. 青岛：中国海洋大学出版社，2007：300.

第 2 章　美国州政府的州立大学治理模式

根据美国联邦宪法规定，教育原则上是州政府的职责，美国《教育部法》第 103 款禁止联邦政府“对课程、教育计划、行政管理或任何教育机构的人力资源进行指导、监督和控制”。这意味着每一个州的具体情况决定了其州立大学治理模式。即使在同一个州，州政府对于不同的州立大学，其治理模式也有所不同。这是美国高等教育的多样性在其治理模式上的生动体现。虽然美国州政府的高等教育治理模式千变万化，但还是可以对这种多样化的治理模式进行粗略的归纳。21 世纪以来，美国州政府的州立大学治理模式已经发生了一些变化。

2.1　美国州政府州立大学治理模式的历史演进

麦克吉尼斯（McGuinness）是长期跟踪研究美国州政府高等教育治理模式且研究最为详尽的学者。他认为，美国州政府州立大学治理模式的演进已经走过了一个多世纪的历程。现有的治理模式源于每一个州的历史与文化。2005 年，美国高等教育管理中心指出，各州的高等教育治理模式因受困于早期的法定授权及不能与时俱进而障碍重重。历史上，州高等教育管理机构扮演着六大角色：州层面的规划，州财政预算、拨款与资源分配，维护数据库并将数据转换为指导决策的信息，管控高校和学术计划，管理州层面的服务（如管理学生资助计划），大学系统与分校的治理。在有些州，由一个单一的管理机构承担以上大部分功能。然而，在多数州，这些职能的责任分散在多个管理机构之间。

美国各州高等教育政策演变的历史就是一部不断寻求“恰当的管控”机制的历史。在 19 世纪，在实质性问题和程序性问题之间有着明确的界限。有时，州长或州立法者试图支配学术政策，以党派或意识形态为由影响校长和教师的任命或影响学生入学。尽管如此，在全美居于主导地位的高等教育治理模式是州政府的治理角色仅限于决定州公共资金的分配标准和模式，各州依据自身的不同情况实施特定的程序性规制与控制。

州政府建立高等教育管理机构来处理美国州立大学与州政府关系的起源可以追溯到19世纪晚期。随着时间的推移，这些高等教育管理机构逐渐演化，美国高等教育系统日益复杂，州政府的治理角色也发生了变化。有些州的高等教育管理机构建立于早期，而有些州高等教育管理机构则建立于较为晚近的时期。美国州政府州立大学治理模式的演进大体可以划分为6个阶段：①19世纪晚期到“二战”结束；②“二战”结束到1972年；③1972年到20世纪80年代中期；④20世纪80年代中期到20世纪90年代中期；⑤20世纪90年代中期至2008年的公共议程改革阶段；⑥2008年金融危机以后。[1]

2.1.1 19世纪晚期到“二战”结束美国州政府的州立大学治理模式

19世纪晚期到“二战”结束，美国州立大学从单一性的公立院校发展到州立大学系统。伴随着美国州立大学系统的建立，州协调董事会也随之建立。这一阶段人们对于高等教育效率的追求见证了大萧条时期多数美国州立大学的建立。在这一阶段，各州开始倾向于将大学纳入单一的州董事会之下以实现规模经济，并应对因地区利益竞争而产生的政治压力。

美国在19世纪早期建立的高等院校多数是私立的，只有少数几所是公立的，如1785年建立的乔治亚大学、1804年建立的俄亥俄大学、1819年建立的弗吉尼亚大学。直到19世纪60年代，州政府在高等教育方面只扮演了有限的角色。从1862年《莫里尔赠地法案》的实施到“进步时代”（1890—1920年），再到第一次世界大战结束，新的美国州立大学得以建立。培养教师的州师范学院也得到初步发展，到20世纪中叶，州师范学院演变成了州立大学。[2]

---

❶ MCGUINNESS A. State Policy Leadership for the Future：History of State Coordination and Governance and Alternatives for the Future ［R］. Education Commission of the States，2016：1 -54.

❷ 约翰·范德格拉夫. 学术权力：七国高等教育管理体制比较［M］. 王承绪，等译. 杭州：浙江教育出版社，2001：110.

到第二次世界大战结束时，美国有 18 个州和地区建立了统一的管理机构管理美国州立大学。14 个州组建了统一的治理董事会监管高校。肯塔基州和俄克拉何马州建立了协调性董事会。纽约州独特的管理结构可以追溯到 1784 年，它将所有的教育置于州董事会统辖。尽管在过去的一个世纪里，这些基本结构经历了定期调整，但直到现在，这些基本的法定结构与几十年前并无两样。

尽管每一个州的问题各不相同，但各州面临的一些共同问题是根除腐败、使州政府现代化和集中化，应对地方和地区政治的离心力。在此期间，美国州立大学变革的意图是遏制各个分校为了获得州资助而对州立法机构展开的适得其反的游说和不必要的专业重复设置，有时候，美国州立大学变革的意图是为了遏制腐败。在两次世界大战期间，美国州政府建立统一的州高等教育管理机构的努力持续发展。1945 年之前，俄勒冈州（1929 年）、乔治亚州（1931 年）、阿拉斯加州（1934 年）、罗得岛州（1935 年）、亚利桑那州（1945 年）建立了统一的董事会。回顾催生这些董事会成立的讨论，人们可以发现与早期高等教育变革类似的问题，这些问题引起了当下高等教育决策者的共鸣。这些问题包括不必要的专业重复设置、州内新建分校之间的竞争、因预算与拨款过程中各分校对州立法机构进行游说而在各分校之间产生的政治内讧等。严峻的经济形势加上分校游说和政治干预，促使一些州（如乔治亚州、密西西比州、北达科他州和俄勒冈州等）调整了先前的州高等教育治理结构。

肯塔基州和俄克拉何马州分别于 1934 年和 1941 年成立了全州协调董事会，共有 3 个州建立了全州性的协调结构。这些州保留了每个州立大学的治理董事会，但设立了一个中介机构，主要负责监督美国州立大学和州政府之间的预算制定与资源分配。协调董事会成立的原因类似于治理董事会成立的原因，即努力为有争议的关系增加一定的合理性。

在 20 世纪前半叶，美国州政府的主要角色是向相对自治的治理董事会提供州资助。美国州立大学与州政府之间的关系是治理董事会与州长和州立法机关之间的直接关系，无中介机构。州政府的主要职责是审批院校、任命并确认治理董事会成员、为美国州立大学发展与运行提供资金。在这个阶段的大部分时间里，美国州立大学与州政府之间的关系相对简单。在 20 世纪上半叶，当新的美国州立大学建立时，州政府继续赋予美国州立大学高度的实质性自治权。这种治理模式的一个例外是师范学院和教师教育学院的治理，这些师范院校大多由州教育委员会管辖下的州教育部管理。这一阶段，美国州政府在美国州立大学治理中履行的具体职能和扮演的具体角色见表2.1。[1]

表2.1 20世纪早期州政府的6项职能

州政府履行的职能	州政府扮演的角色
州层面的规划	无
州财政预算、拨款、资源分配	治理董事会制定统一的预算，州立法机构直接向董事会拨款，无中介机构
高等教育数据使用	仅限于预算中使用，如分校收支数据、学生、人力资源与设施
规章制度	无
管理、服务功能	无
系统与分校治理	有些治理董事会更多的是作为公立多校园的单一性董事会而不是系统董事会发挥作用

2.1.2 “二战”结束到1972年美国州政府的州立大学治理模式

“二战”结束后，美国高等教育急剧扩张，从精英化迈向大众化。入学人数的大量增长伴随着州协调董事会数量的剧增，美国州政府与美国州立大学之间的关系更趋复杂。美国1972年颁布的《教育法修正案》对州政府的高等教育治理模式产生了直接的影响。“二战”在高等教育系统的公共利益界定方面产生了深远的影响。“二战”前，除了狭义的公共劳动力需求外，高等教育被认为对个人有好处。杜鲁门委员会和布什的报告《科学——无尽的边疆》直接促成国家科学基金会的建立，其将公众对高等教育的投资与国家安全和未来联系起来。

这一阶段，州政府扮演的角色发生了重要变化，从院校资金的被动提供者转向高等院校不断提高提供入学机会的能力的积极推动者。州协调董事会成为扮演这一新角色的重要机构。协调董事会负责制定总体规划、监管新专业、监督院校和分校园的发展、制定院校间合理分配资源的方法。“二战”后州政府高等教育经费的急剧增加说明了高等教育观念从私人利益向公共利益的转变。

---

[1] MCGUINNESS A. State Policy Leadership for the Future：History of State Coordination and Governance and Alternatives for the Future［R］. Education Commission of the States，2016：1－54.

“二战”前，高等教育经费中学杂费的比例为 53%，州和地方高等教育经费的比例为 47%，1949—1950 年，州和地方高等教育经费的比例增加到 58%，学杂费的比例下降到 43%。[1]

受退伍军人法案的刺激，战后入学人数增加了 64%，从战前的 150 万人增加到 1950 年的 240 万人，在接下来的 10 年里，入学人数继续增长，1960 年入学人数达到 360 万人。[2] 入学人数的暴增始于 20 世纪 50 年代晚期，1957 年苏联发射人造地球卫星后，美国以实施《国防教育法》作出回应。在高等教育的扩张中，各州政府是重要的驱动力量。

1. 州政府州立大学治理体制的集权化和治理结构的复杂化

20 世纪 60—70 年代不仅是美国高等教育入学人数暴增的时期，而且是美国公立高等教育最为集权的时期。1971 年，克尔（Kerr）在给卡耐基委员会有关多校园大学报告的引言中指出，每个独立的校园拥有自己的董事会、唯一的校长、忠诚的校友和师生群体，它们集中在一个地点，在它们之上没有协调委员会。这种情况现在是个例外，而在 1945 年很普遍。他继续指出，多校园系统可以被看作是美国社会官僚集权的一个方面，它体现在政府、工业组织、工会和各级教育机构中。州高等教育体系的形态已经发生了巨变，从数量有限的州立大学和师范学院转变为一个复杂和更加多样化的州立大学系统。

美国高等教育治理结构 4 个方面的发展增加了这种复杂性。第一，多校园大学的发展。这些大学最初是通过扩展与一所主要州立大学相连的分校而发展起来的，后来，这些分校向全科大学演变、发展。第二，师范学院和教育学院向综合性州立大学的转型。在多数情况下，各州将州立大学的治理与州教育部分开，成立了新的统一治理董事会，负责管理州立大学。在几个州（如新泽西州和弗吉尼亚州），每一所州立大学都建立了治理董事会，并将它们置于州协调董事会的管辖之下。第三，社区学院的发展。社区学院的发展催生了两种州政府院校治理结构的建立，一是建立州协调机构（最常见的是在州教育部内组建）负责管辖地方治理和资助的学院（如艾奥瓦州、堪萨斯州），二是建

[1] MCGUINNESS A. State Policy Leadership for the Future: History of State Coordination and Governance and Alternatives for the Future [R]. Education Commission of the States, 2016: 1 - 54.

[2] 同[1]。

立州社区学院治理系统（如弗吉尼亚州），州政府是社区学院主要的资助来源。第四，州职业培训机构和技校升格为高等教育机构。它们常常发展成为与社区学院平行的系统，州技术学院系统主要由州教育委员会资助并管控，州教育委员会还要管理州政府指定的职业教育委员会。

2. 新的州政府高等教育治理结构的建立

各州采取了各种不同的策略来处理州高等教育治理结构中日益增加的复杂性。这些问题因“二战”前建立的高等教育治理结构和公立院校的多样性而有所不同。与此同时，各州建立了新的董事会，它们继续调整州高等教育治理结构。许多这样的新治理结构是在各州将其师范学院转型为新的州立大学时产生的。社区学院和技术学院的扩张带来了新挑战。在“二战”前建立了全州协调和管理机构的18个州中，每个州都采取了不同的方法来管理高等教育的扩张。“二战”前建立州协调机构的是肯塔基州、俄克拉何马州和纽约州。这些州增加了协调机构的权力，以满足高等教育日益增长的需求。这些州在州协调机构的框架内发展社区学院和其他两年制学院。

拥有统一的治理董事会的15个州中，除了乔治亚州之外，它们均拥有相对较少的人口。这些州的州长和立法人员能够依赖治理董事会管理高等教育扩张和州优先资助问题。社区学院和职业技术学院的建立对现有的治理模式提出了挑战，因为现有的治理董事会只负责管理四年制州立大学。这15个州中有7个州（亚利桑那州、佛罗里达州、艾奥瓦州、堪萨斯州、密西西比州、俄勒冈州和南达科他州）还建立了由地方治理并资助的社区学院和技术学院。在多数情况下，由州教育部而不是高等教育治理董事会监管这些两年制学院。其结果是，这些州没有统一的机构负责协调所有的四年制和两年制公立院校。

其余8个州（阿拉斯加州、乔治亚州、夏威夷州、爱达荷州、蒙大拿州、内华达州、北达科他州和罗得岛州）的治理董事会统一监管两年制学院。在乔治亚州，两年制学院由大学系统董事会监管。乔治亚州还建立了技术学院，技术学院由与大学系统董事会平行的独立的董事会管理。

其他的32个州先前没有建立州高等教育治理结构来应对高等教育的大规模扩张。在这些州中，有4个州（特拉华州、密歇根州、内布拉斯加州和佛蒙特州）建立了自愿性协调机制；4个规模较小的州（缅因州、新罕布什尔州、犹他州和西弗吉尼亚州）在这一阶段建立了统一的治理董事会；怀俄明州针对地方治理的社区学院建立了协调董事会，怀俄明大学有自己的董事会；23个州建立了协调董事会负责全州高等教育规划与监管，但没有院校治理权力。具体情况见表 2.2。[1] 这些州中有两个州（威斯康星州和北卡罗来纳州）随后废除了它们的协调董事会，建立了大学系统的治理董事会。

表 2.2　1950—1971 年建立协调董事会的 23 个州

1950—1959 年	1960—1969 年	1970—1979 年
伊利诺伊州（1957 年） 新墨西哥州（1951 年） 北卡罗来纳州（1955 年）① 得克萨斯州（1955 年） 弗吉尼亚（1956 年） 威斯康星（1955 年）①	亚拉巴马州（1969） 阿肯色州（1961 年） 加利福尼亚（1960 年） 科罗拉多（1965 年） 康涅狄格州（1965 年） 路易斯安那（1969 年） 马里兰州（1969 年） 马萨诸塞州（1965 年） 明尼苏达州（1965 年） 密苏里州（1963 年） 新泽西（1965 年） 俄亥俄州（1963 年） 宾夕法尼亚（1963 年）② 南卡罗来纳州（1966 年） 田纳西州（1967 年） 华盛顿州（1969 年）	印第安纳州（1971 年）

注：① 北卡罗来纳州和威斯康星州在 1971—1973 年期间废除了全州协调委员会，并为大学系统建立了全州统一的治理董事会。

② 1963 年，宾夕法尼亚州加强了州教育部在规划和协调公立高等教育系统方面的作用，但该部的权力仅限于已经在其管辖下的公立大学（前州立师范学院和地方管理的社区学院）。

3. 早期州级协调董事会的角色与权力

早期的协调董事会在某种程度上模仿了英国大学资助委员会，即提供一个与政府保持平等关系的机构，使其能够以公平、客观的方式在院校间分配公共资源，并在某种程度上不受政治干预。全州协调机构遵循的基本原则是维持州高等教育管理机构和公立院校相对于州政府的独立性。一方面，各州需要有一

[1] MCGUINNESS A. State Policy Leadership for the Future: History of State Coordination and Governance and Alternatives for the Future [R]. Education Commission of the States, 2016: 1-54.

个独立于州领导层（州长和州议会）的高等教育管理机构；另一方面，各州需要有独立于州领导层的公立院校。

协调董事会需要具备以下能力：从长远、客观的角度看待州和整个高等教育系统的需要，就州长和州立法机构面临的重大高等教育问题提供客观的分析和建议；倡导将高等教育系统作为整体看待，而不是只顾单个院校的利益；在州立法机构的政治程序之外提供一种手段，以解决各院校在使命、资金和专业设置等问题上的分歧；在院校自治与高等教育系统的协调和公共责任之间维持平衡。

协调董事会刚成立时拥有的权力通常包括：为高等教育系统制定总体规划，包括学术和设施规划；批准院校使命，确保院校使命的差异化；审查和批准新专业、大学分校的设立；审查院校就运行和固定资产（设施和设备）向州政府提出的预算申请，并向州长和州议会提出预算建议；为在院校之间分配州拨款制定公式；维持州数据和信息系统；就高等教育问题向州长和立法机构提出建议，包括就高等教育系统的总体规模和结构等问题进行研究并提出建议，就建立新院校或新的高成本专业如医学、口腔医学、法律和工程等专业提出建议。

协调董事会的权力差异极大。有几个州的协调董事会主要是州长、州立法机构和州立大学的咨询机构。最常见的权力包括设立新专业、设立大学分校和新的院校，审核院校就运行和固定资产向州政府提出的资金请求，制定并建议资金分配公式。在20世纪60年代，州高等教育管理机构是制定总体规划、预算和资源分配的中心。州预算办公室实施的规划方案编制和预算编制系统是在时任国防部部长麦克纳马拉的推动下建立的。高等教育成为各州应用这些规划方案的利益焦点。新的规划方案强调在规划和预算编制过程中进行定量分析，将成本分析作为预测成本、支出和成果的基础。正是在这种背景下，美国高等教育管理中心于1969年成立，重点是开发新的管理工具，以便在州和院校规划、预算编制和资源分配与评估中使用。

4. 州高等教育管理机构与州预算办公室的关系

早期关于州协调机构的文献大多集中在规划和预算问题上，如制定新的资金分配公式、分析新设施需求、开发院校内部管理工具等。这些管理工具的使用是州高等教育行政办公室的核心任务，即为州长和州立法机构提供客观分析和建议并应对院校在预算和拨款过程中相互竞争的政治压力。

从一开始，州协调董事会和治理董事会在制定预算过程中的作用就有所不同。州治理董事会主要关注与院校内部管理和各院校之间资源分配有关的问题。治理董事会与州政府打交道主要是为了维护其所管辖院校的利益，而不是为了资助整个高等教育系统。相比之下，州协调董事会将重点更多地放在了整个高等教育系统的预算和资源分配上。尽管协调董事会在州预算和拨款过程中支持高等教育，但它们的主要责任是代表州在高等教育方面的利益，并在决策者在相互竞争的院校利益之间作出决策时向他们提供建议。此外，两者的区别还有，协调董事会不具有院校治理权，即它们没有权力授予学位、制定院校政策、任命院校校长、履行治理董事会的其他职能。

弗吉尼亚州高等教育理事会成立于 1956 年，伊利诺伊州高等教育委员会成立于 1957 年，它们是第一批被授权在全州范围内进行广泛协调的机构。许多早期的协调董事会包括大多数院校代表。到 20 世纪 60 年代末，各州发现，由院校代表主导的协调董事会无法处理院校使命冲突和不必要的专业重复设置问题，于是协调董事会不得不变得更加“公开”，吸纳了大多数由州长任命并经州议会确认的非专业人士。

5. 州高等教育行政办公室的组建

正是在这一时期，州高等教育行政办公室应运而生。从一开始，州高等教育行政官员作为一个协调者，就需要平衡治理董事会成员关注的问题和协调董事会成员感兴趣的问题。确定一个单一的州机构作为州高等教育行政办公室也是一个挑战。在第二阶段结束的时候，12 个治理董事会只负责各州的四年制州立大学。他们的权力没有扩展到迅速发展的社区学院和技术学院系统。顾名思义，他们的主要职责是治理和代言他们所管辖的院校。从这个意义上说，这些治理董事会不能在整个高等教育系统中发挥广泛的协调作用或在资源竞争中扮演无偏见的仲裁者角色。

6. 第二阶段结束时美国各州的高等教育治理状况

在第二阶段结束时，除 4 个州外，其他所有州都有法定的州高等教育治理机构。其中 19 个州拥有统一的治理董事会，其中又有 12 个董事会只管辖四年制州立大学，其他 7 个董事会还管辖两年制学院。有 27 个州拥有协调董事会，这些协调董事会的实际权力差别很大，但多数协调董事会的管理对象涵盖所有公立院校（四年制和两年制），履行上述所归纳的职能。4 个州继续通过自愿性的协调机制进行协调。

1972 年，各州高等教育管理机构履行的 6 项职能及其扮演的角色见表 2.3。[1] 自“二战”结束以来，每一种职能在范围和复杂性上都有所发展。

表 2.3 1972 年各州高等教育管理机构的 6 项职能

州高等教育管理机构履行的职能	州高等教育管理机构扮演的角色
州层面的规划	公立院校总体规划；少数管理机构涵盖独立院校规划
州财政预算、拨款与资源分配	制定定量分析和资助公式，确保资源合理配置，减少政治影响。资助公式强调成本补偿，反映院校使命差异、院校工作量和与办学规模扩张有关的费用
高等教育数据使用	开发州招生计划、学术、人力资源和设施管理信息系统；开发院校管理分析工具，评估院校规模扩张替代方案的成本和收益
规章制度	注重合理扩招，限制公立院校不必要的专业重复设置；管理新专业、新设校、新设分校，确保公立研究型大学、教学型院校与社区学院之间的使命差异
管理和服务机构的功能	州学生资助项目的管理，州规划和联邦项目（如设施项目）的管理，向院校许可、授权接受联邦学生资助项目的资格
系统与院校治理	州立大学治理系统进一步扩张，出现了多校园大学和统一的治理董事会，州立大学的大多数学生就读于州立大学系统

2.1.3 1972 年到 20 世纪 80 年代中期美国州政府的州立大学治理模式

在这一阶段，美国高等教育的扩张速度逐渐放缓，人们越来越担心高等教育的过度扩张以及在预计入学人数下降的情况下高等教育的缩减。这一阶段始于 1972 年美国《教育法修正案》的颁布，该修正案对美国高等教育体系产生了深远的影响。如下文所述，它的一个直接影响是要求各州设立所谓的 1202

[1] MCGUINNESS A. State Policy Leadership for the Future: History of State Coordination and Governance and Alternatives for the Future [R]. Education Commission of the States, 2016: 1 – 54.

州委员会，以便各州有资格获得某些联邦资金。不过它还有更深远的影响，例如，它拒绝联邦政府直接援助院校的提议，颁布新的联邦基本助学金资助计划（后来更名为佩尔助学金计划）。在这一阶段，各州还进行了州预算程序的改革和州高等教育管理机构法定职责的调整。

1. 1202 州委员会的组建

如前所述，正是在第三阶段，联邦政府颁布了具有里程碑意义的法律，要求各州必须建立新的高等教育治理结构。在第二阶段，几项联邦法律要求各州建立或指定州高等教育管理机构。1963 年颁布的美国《高等教育设施法》要求各州设立州设施委员会。1965 年颁布的美国《高等教育法》要求各州设立或指定州高等教育管理机构，并加强州向院校许可或授权的能力。1972 年颁布的美国《教育法修正案》涵盖了更多的强制性条款，它要求各州设立 1202 州委员会，以便使州有资格获得联邦资助，在州范围内进行总体规划，并为扩大和改善社区学院和中学后职业教育提供资金。1202 委员会的设立引发了围绕联邦政府角色的一些争议性问题，人们意识到联邦政府对大学自治的威胁。然而，对各州，尤其是对现有州高等教育行政办公室来说，最具挑战性的问题之一是要求一个单一的州机构负责整个州高等教育的总体规划。比如，按照 1972 年颁布的美国《教育法修正案》对州高等教育治理结构的规定，当时的州高等教育行政办公室中至少有一半不符合联邦政府对成员资格或规划权限的要求。

如前所述，州治理董事会的权力集中于管理公立院校，而不是对整个高等教育系统进行总体规划。此外，他们由公众中的非专业人员组成，而不是由院校人员组成，尤其不是 1202 委员会规定的董事人选。在伊利诺伊州和田纳西州等州的协调委员会中，很少有委员会具有 1202 委员会所要求的规划权力，而且这些委员会中很少有一个能够满足联邦政府对成员资格的要求。与 1202 委员会的要求相反，大多数协调委员会不负责包括独立院校和营利性院校在内的全州总体规划。协调委员会成员中不包括这些院校的代表。

由于认识到其高等教育治理结构不符合 1202 委员会对一个州规划机构的要求，一些州通过法令或州长的行政令建立了新的管理机构。一些州（如加利福尼亚州和华盛顿州）重新调整了现有的州协调委员会以满足 1202 委员会的要求。佛罗里达州建立了州高等教育规划委员会，部分回应了联邦要求，但州教育部履行了分配给新机构的一些职能。内布拉斯加州随后成立了内布拉斯加州高等教育委员会，作为该州的法定协调机构。

在1974—1975年建立的新机构中，只有少数机构在联邦资金中断后发挥了重要作用。一些拥有治理董事会的州（如阿拉斯加州、特拉华州和新罕布什尔州）保留了委员会，为服务于所有高校的行政管理和监管职能提供场所，这些职能（如学生资助或院校许可、授权）不能由州高等教育行政办公室履行。这些新成立的管理机构没有被授权对整个高校进行总体规划。

1202委员会的经验说明了确定一个州管理机构负责州高等教育总体规划所面临的挑战。由于一些州根据州长的行政令建立了新的高等教育管理机构，因此，1202委员会的权力是有限的，它不会对州政策产生持续的影响。“1202委员会经常发现它们处境窘迫，因为它们的权限只是向州长或州议会提出有关预算、基建、裁撤陈旧专业、批准新专业的建议，但大多数情况下它们不能保证其建议能够被采纳”[1]。由于高等教育治理结构要求的特殊性，现有管理机构很少能够符合要求，尽管它们已经参与了反映联邦法律意图的全州总体规划。30年后，随着美国高等教育管理中心等组织呼吁各州建立一个管理机构负责州高等教育公共议程的领导，各州在执行1202委员会的政策时面临的问题仍然存在，即许多现有的州高等教育行政办公室无法满足州级政策领导机构的要求。

2. 州高等教育政策重心的转移

第三阶段是州高等教育政策重点发生根本性变化的阶段。如前所述，第二阶段的重点是提升高校满足高等教育入学人数迅速增长的能力。在第三阶段，州高等教育政策的重点转向更有效地利用现有高等教育资源并降低成本。通货膨胀率居高不下导致的成本上升及经济衰退时州资金的大幅削减加剧了人们对院校管理效率和不必要的专业重复设置的担忧。州高等教育行政办公室年会讨论的基本主题从如何管理高等教育扩张转向如何管理高等教育紧缩和促进更具成本效益的院校运作。为了顺应这些趋势，一些州修订了州协调委员会的章程，以增加其审查现有专业的权力，确定入学率低或学位产出低的专业。州政府授权一些协调委员会停止对低绩效专业的资助。目前，这些权力仍然存在于

[1] 约翰·塞林. 美国高等教育史（第2版）[M]. 孙益，等译. 北京：北京大学出版社，2014：311.

一些州高等教育行政办公室的授权法规中。

在第三阶段，州高等教育财政政策也发生了变化。第三阶段也是一个长期趋势的开始，各州将更多的费用转移到学生和家庭身上，州在提供学生资助方面的角色增强，并且州预算官员和立法机构更积极地关注成本控制和更有效地利用现有资源。在一些州（如加利福尼亚州、伊利诺伊州、新泽西州和宾夕法尼亚州等）有长期的州学生资助计划时，其他许多州开始制订这些计划，以响应 1972 年颁布的美国《教育法修正案》中州学生资助计划的激励措施。同样，这些变化以不同的方式影响着州高等教育管理机构。在一个稳定的环境中，治理董事会必然会重点关注入学率和州拨款的稳定。协调董事会面临着类似的问题，另外其还需要考虑不仅要为院校提供资金，还要为新设立的州学生资助计划提供资金。

在各院校迫于经济压力增加学费时，高等教育费用的可承受性问题被提上议事日程。20 世纪 70 年代末，经济紧缩和经济危机加剧了高等院校与州高等教育机构之间的紧张关系，因为新的州授权增加了州管理机构对高校的监管和预算控制。20 世纪 50—70 年代设立的协调委员会主要关注高等教育内部的问题。总体规划设定的目标事关入学机会、高等教育质量、院校使命的多样性。协调委员会需要致力于有效使用资源、制定发展战略（制订新的学术计划、增加设施与建设新的校园）以实现上述目标。在这方面，协调委员会的权力和职能不同于 20 世纪 90 年代中期及以后公共议程改革中的社会诉求。

3. 州高等教育管理机构在州决策及预算过程中的角色变化

在州协调董事会发展的早期，州长和州立法者认为，协调董事会不仅是对预算问题进行客观分析的主要机构，而且也是支持相互竞争的院校利益的主要力量。州高等教育管理机构的权力差异极大，在一些州，州高等教育行政办公室在州预算过程中的作用有限，而在另一些州，州高等教育行政办公室却在预算中扮演核心角色。

到了 20 世纪 70 年代后期，州高等教育治理结构的复杂性大大增加了。州高等教育行政办公室只是州多个高教管理机构中的一个，负责州高等教育政策与决策的某一方面。随着州预算办公室和立法机构工作人员的数量和工作复杂程度的增加，州高等教育行政办公室不再是政策和预算分析方面专业知识的主要来源。表 2.4 说明了 19 世纪末至今州政府的高等教育政策在复杂性上的变化,[1] 这种复杂性现在基本上仍然存在。

表 2.4　19 世纪末至今州高等教育政策在复杂性上的变化

决策机构	19 世纪末到“二战”结束的政策	“二战”结束至今的政策
州长办公室	治理董事会和州长直接沟通，没有专门的人员配置	州长教育政策顾问
州预算办公室	在高等教育预算中的作用有限	是州政府的行政机构而非高等教育行政管理机构
参众两院	众议院和参议院（除了内布拉斯加州的一院制立法机构）委员会结构相对简单，大多数高等教育问题由拨款或财政委员会处理，立法人员作用有限	设有专门的高等教育事务委员会和拨款委员会这样的两院委员会结构，配有复杂的专业立法人员，包括无党派工作人员、委员会工作人员、核心小组工作人员，有一些州还包括个别立法者
高等教育协调董事会	无	有一半的州组建了高等教育协调董事会
属于行政部门的高等教育服务和管理机构	除了特许学院外无变化	各州设立的高等教育管理机构在其他机构内部或作为独立机构
学生财政资助机构	无	各州设立的学生资助机构在其他机构内部或者作为独立机构
联邦高等教育项目管理	无	联邦高等教育项目管理机构在其他机构内部
地方治理的社区学院系统治理董事会或协调董事会	无	社区学院和技术学院复杂的协调与治理模式
多校园大学系统治理董事会	只有数量有限的多所大学统一的董事会	多数公立大学在多校园治理系统内
单一院校的治理董事会	单一院校董事会是主导模式，无社区学院	拥有独立董事会且不在系统里的公立院校数量有限，出现了地方治理的社区学院和技术学院
州立大学协会	州立大学的非正式校长委员会	组建了州立大学与社区学院协会

[1] MCGUINNESS A. State Policy Leadership for the Future: History of State Coordination and Governance and Alternatives for the Future [R]. Education Commission of the States, 2016: 1-54.

州高等教育政策在复杂性上的这种变化在州预算的制定过程中体现得最为明显。早期，州长和州立法机构指望协调委员会审核预算并提出建议，制定并建议资源分配方法，在预算和财政政策上提供整体性建议。从20世纪70年代末开始，州长预算办公室和立法机构雇用专门的工作人员执行以前由州协调机构执行的许多政策分析功能。州长和立法机构不再将协调董事会视为州预算过程的核心部分，而是更多地依赖自己的工作人员。一所院校，不论是公立的还是私立的，都在逐渐移入州政府的管理范围内。❶ 在某些情况下，协调董事会更多地被视为院校利益的倡导者，而不是院校利益和州优先事项之间的公正仲裁者。

在为四年制院校设立治理董事会并为社区学院和技术学院设立单独的治理或协调机构的州，关于高等教育预算优先事项的州一级决策更加棘手。作为治理董事会，它们有义务在州预算和拨款过程中为院校的需求代言。在这些州，州长和立法人员扮演了整个公立高等教育系统（包括两年制院校）预算分析的角色，这种角色在其他州可能由高等教育协调董事会来扮演。

20世纪70年代末之前，州政府在高等教育治理中角色的复杂性呈指数级增长。如表2.4所示，参与高等教育治理的机构已从“二战”结束时的州长办公室和治理董事会扩大到州行政和州立法部门。

4. 第三阶段结束时美国各州的高等教育治理状况

综上所述，与6项高等教育职能相关的州政府角色在20世纪70年代发生了变化，从早期强调办学规模的合理扩张转变为注重办学规模的缩减和资源分配以提高资源利用效率。以上变化的主要驱动力量是1972年美国《教育法修正案》的实施、经济状况的恶化和预期入学率的下降。这些变化见表2.5。❷

---

❶ 余承海，程晋宽. 美国公立大学治理的政治化及其启示［J］. 高等教育研究，2013（8）：92－97.

❷ MCGUINNESS A. State Policy Leadership for the Future：History of State Coordination and Governance and Alternatives for the Future［R］. Education Commission of the States，2016：1－54.

表 2.5 20 世纪 70 年代末美国州政府的 6 项高等教育职能

州政府履行的职能	州政府扮演的角色
州层面的规划	强调高等教育的综合规划，包括公立、私立非营利和营利院校，以反映 1972 年颁布的美国《教育法修正案》的规定；招生计划缩减，在入学率下降和资源紧张时期保持入学机会、教育质量、机构多样性及效率
州财政预算与资源分配	修改资源分配方法，为资金削减创造理由，并为有效利用现有资源提供奖励（如边际成本公式）
高等教育数据使用	新的重点放在分析院校成本、师生比和学位的授予等方面
规章制度	强化州政府对新专业和院校的监管，确保院校使命的差异化；州政府对现有专业进行审查，以避免不必要的重复设置和效率低下，包括在某些情况下州政府有权撤销专业；州政府要求对专业质量进行外部审查
管理和服务机构的功能	修改州政府权力以符合新的联邦要求，主要涉及州政府学生资助项目管理、州规划（1202 委员会）和联邦项目管理；强化州政府许可、授权，以使更多的院校获得联邦学生资助资格
系统与院校治理	强化大学系统的治理权力以控制成本并规划潜在的招生计划缩减

2.1.4 20 世纪 80 年代中期至 20 世纪 90 年代中期美国州政府的州立大学治理模式

20 世纪 80 年代中期，美国州政府的高等教育治理角色发生根本性转变。州政府从注重投入转向注重产出，并更多地依赖市场力量和新的政策工具，以确保高等院校对公共优先事项作出回应。此后 30 多年里，各州在高等教育治理中扮演着更加积极的角色，推动旨在将高等教育与各州优先事项联系起来的高等教育变革。这些变革涉及以下 4 个方面：州长在确定公共优先事项方面的领导更加积极；问责制的转变，即从对投入和有效资源利用的问责制转变为对产出的问责制，特别是对学生学习成果的问责制；州财政政策的变化，即从成本补偿和能力建设转变为战略投资，并利用州财政政策推动院校变革以实现州优先事项；州政府实行权力下放和放松管制，以赋予美国州立大学更大的管理灵活性。[1]

---

[1] 余承海，程晋宽. 美国公立高校学生资助的成果导向模式探究 [J]. 比较教育研究，2020 (8)：42－48.

在这一阶段，州长在高等教育治理中的影响越来越大。在马里兰州、俄勒冈州、西弗吉尼亚州，州协调委员会重组成为州长内阁成员。在另一些州，州长积极干预协调委员会的成员构成。50 个州的州长提出了一系列的建议，要求州立大学明确自身的使命，重视本科生教育，加强学生学业评价，采取措施提高教育质量。❶

在这一阶段，权力下放的趋势与早期的权力集中和州监管的趋势背道而驰。许多变革的基础是州领导人对“重塑政府”的兴趣，市场力量对高等教育的日益影响及人们对“新公共管理”的兴趣。这些力量推动了以下变革：激进分权，放松管制，更多地依赖市场力量，将资助重点和问责措施从投入转向产出。在其他国家和地区，特别是在欧洲，政府角色从集权控制和院校补贴转向间接监管，政府站在公众利益的角度，借助新的政策工具进行高等教育治理的争论非常激烈。同样的主题也出现在有关美国高等教育治理的争论中。

这些变革对州高等教育管理机构产生了重大影响。有些州能够通过调整适应新的需求，其他州依然局限于第二阶段和第三阶段中规定的法定任务，结果偏离了州高等教育政策制定的目标。正如在许多问题上一样，克尔预见到了这些变化，他指出，继他所说的 1955—1985 年美国高等教育的“联邦时期”之后，美国高等教育进入了“州阶段”。他提到了州长对高等教育的认可。他认为，州长进一步认识到高等教育州际竞争的重要性，州长已经成为高等教育领域最具影响力的行动者。随着各州对经济发展中就业问题的关注，各州的高等教育竞争日趋激烈，各州努力促进其高等教育体系发展，因为一个州在与其他州和外国竞争者的竞争中所能拥有的最大优势之一就是其完善的高等教育体系。

1. 州级高等教育治理中的学生学习评价

州长在高等教育政策中更为突出的作用源于 1983 年的报告《国家处于风险中》和美国高等教育工作组发布的后续报告《参与学习》使人所产生的紧迫感。《参与学习》建议各州和各院校通过对学生学习评估的重新重视，将问责的重点从投入（入学、学分等）转移到学生的学习成果。直到 20 世纪 80 年代，各州主要关注资源分配及其利用问题，很少涉及院校教育产出的基本问

❶ 亚瑟·科恩. 美国高等教育通史［M］. 李子江，译. 北京：北京大学出版社，2010：333.

题。到20世纪80年代末，有关教育产出（特别是学生学习成果）的问题占据了各州的议事日程。这一变革的主要推动力量是全美州长协会特别工作组的一份报告——《取得成果的时间到了》。各州要求高等院校评估学生的学习情况并向州政府和公众提供信息的州政策激发了高等教育界人士对这些问题的关注。到20世纪90年代中期，对包括学生学习成果在内的教育产出进行评估的支持有所下降。产生这种结果的原因是预算限制和院校的强烈反对。然而，州政府主导的高等教育变革对地区认证标准和高等教育问责制的要求产生了持久的影响。在这一时期，全美的州高等教育机构开始参与州评估活动。早期，最积极的是密苏里州高等教育委员会、新泽西州董事会和新泽西州高等教育部。高等院校对新倡议的强烈抵制导致许多州很快撤销了这些倡议。如下文所述，高等院校反对新泽西州高等教育部在学生学习评估方面的积极领导，这直接导致了该机构在1994年的消亡。

2. 州财政政策的变革

在20世纪80年代，各州还制定了新的资助制度，如竞争性资助、激励性资助和绩效资助等。伴随着这种更为激进的立场，州政府角色也发生了转变，州政府从基于招生的成本补偿来发展和补贴州立大学，转变为将高等院校的工作重点与明确的州政府目标联系起来，州政府通过财政和监管政策推动州立大学的发展。

3. 州高等教育管理机构的变革

在全美范围内，高等教育变革的情况喜忧参半：一些州继续实施集中管理，而另一些州则拒绝集权，并选择分权、放松管制和增加院校管理的灵活性。早在20世纪80年代，有几个州就强化了州协调委员会的权力。其他州则实施集中治理，削弱或消除了整个公共部门的协调能力。到20世纪90年代中期，州高等教育协调和治理的政策环境变得不确定。许多长期任职的州协调委员会行政官员已经退休，各高等教育管理机构在寻找能够获得州政府领导人和州高等教育界信任和尊重的领导人方面面临着越来越大的挑战。曾支持立法机关建立第一批州协调机构的立法领导人已经离任。立法人员任期的限制增加了立法领导人的更替，使州协调机构在拨款和其他问题上向州立法机关提供咨询的角色逐渐淡化。许多州协调董事会未能改变其在第二阶段和第三阶段确定的法定任务。在第三阶段，州长办公室和州立法机构中的政策人员越来越复杂，其结果是一些州高等教育行政办公室在州预算和拨款过程中越来越被边缘化。

在某种程度上，州高等教育管理机构这种能力的丧失是由于人员配置和预算削减造成的。州高等教育行政办公室被视为州高等教育政策制定中的另一个利益方。在某些情况下，州高等教育管理机构的监管权力被削弱。在其他情况下，由于州高等教育管理机构越来越注重非公立院校的许可证发放和管理州学术项目等职能，工作人员的政策分析能力下降。要求分权和放松管制的压力削弱了州治理董事会的作用，同时高等院校对高等教育系统的价值和效力提出了质疑。伊利诺伊州的案例说明，高等院校治理的分权化增加了各州政治力量的离心力，从而使州政府的高等教育协调工作更加困难。

4. 第四阶段结束时美国各州的高等教育治理状况

美国州政府在高等教育治理中发挥的作用从第二阶段开始发生根本性的变化，这种变化一直延续到 20 世纪 90 年代中期。当时，大多数州高等教育管理机构已经形成。然而，正如富尔顿（Fulton）所强调的那样，各州和州高等教育管理机构在实现这一过渡的程度，在全美各地差异很大。❶ 表 2.6 总结了各州高等教育管理机构在 6 项职能上的变化。❷

表 2.6　20 世纪 80—90 年代中期州高等教育管理机构的 6 项职能

州高等教育管理机构履行的职能	州高等教育管理机构扮演的角色
州层面的规划	一些州高等教育管理机构集中规划权力弱化。规划层面的变革开始于以下 3 个方面：公立院校系统的总体规划；静态的院校规划转向将高等教育与州政府优先事项联系起来的战略规划；在分权和放松管制的系统中实施动态规划。州长在确定高等教育系统之外的州政府优先事项方面开始发挥更积极的作用，例如强调高等教育对劳动力需求的贡献并将研发与州经济发展联系起来

---

❶ FULTON M. An Analysis of State Postsecondary Governance Structures [J]. Policy Guide, 2019: 1 – 16.

❷ MCGUINNESS A. State Policy Leadership for the Future: History of State Coordination and Governance and Alternatives for the Future [R]. Education Commission of the States, 2016: 1 – 54.

续表

州高等教育管理机构履行的职能	州高等教育管理机构扮演的角色
州财政预算与资源分配	财政层面的变革始于州政府对公立院校的补贴到院校能力建设；有选择地进行州政府投资，以满足州政府优先事项；通过基础加资助维持现有的财政政策，利用基础加资助（激励性、竞争性资助）奖励响应州优先事项的院校；少数几个州建立了绩效资助，但随后放弃
高等教育数据使用	新的重点放在学生成果的信息分析和学生学习的评价
规章制度	州政府试图（后来基本上放弃）根据对学生学习情况的评估来强制规定院校责任，在采购、资本投资和人力资源等领域放松州程序性管制，削弱了州10年前实施的相关规定，即专业审批和批准院校使命的变更
管理和服务机构职能	继续强化州许可、授权要求，以使更多的院校有资格获得联邦学生资助项目；继续负责管理州学生资助和其他项目
系统与院校治理	质疑系统与集中治理的作用，废除了一些系统，新的重点放在系统权力的下放（如将一些权力下放给校园董事会）

2.1.5 20世纪90年代中期至2008年的美国州政府州立大学治理模式

这一阶段，美国州政府聚焦公共议程改革，注重高等教育发展的长期目标，日益关注州政府的政策领导能力。

1. 州政府公共议程改革的持续

第五阶段从20世纪90年代中期到2008年。这一阶段的高等教育变革延续了前一阶段的变革主题，同时，州政府新的重点放在了制定公共议程上。这些改革的实质是州高等教育管理机构扮演的角色从高等教育的协调和监督转变为高等教育的战略规划，使高等教育体系与更广泛的州政府目标保持一致，以提高州居民的教育水平。州政府的公共议程改革通常包括以下几点：一是制定州高等教育发展的长期目标，如提高州居民的教育水平，缩小本州优势群体与劣势群体在教育机会、教育参与和学业完成方面的差距，维持高等教育费用的可承受性，将高等教育与州未来的经济竞争联系起来。二是调整高等教育体系的规模和结构，以实现州高等教育长期目标。三是通过州拨款政策、学费政策和学生资助的协调行动，改革州财政政策。但州与州之间在政策调整力度上存在较大差异，绝大部分州的教育管理与资金投入仍然是“两张皮”。[1]

早期州政府公共议程改革的例子包括 1997 年肯塔基州高等教育改革法案、1999 年得克萨斯州“缩小差距”计划和 1999—2000 年发起的北达科他州圆桌会议。在 21 世纪初，其他几个州进行了公共议程改革。推动这些改革的是有关州绩效的全美报告卡——合格验证。各州创建了一个由皮尤慈善信托基金等支持的州高等教育合作项目。合作方来自州高等教育行政办公室、州立法机关、州长协会和州教育委员会。这些改革使用的策略是通过与政府和立法机构的直接沟通来推动行动。州高等教育管理机构通常不被视为发起和领导州公共议程并使州公共议程达成共识的关键机构。然而，人们越来越认识到，如果没有州高等教育管理机构持续关注州高等教育目标并确保高等教育改革逐步实施，州公共议程就不会顺利实现。正是这种关注促使美国高等教育管理中心指出了各州高等教育管理机构面临的困境。

2. 州政府政策领导能力的退化

尽管各州对有效的政策领导机构的需求增加，但许多州的高等教育董事会履行这一职责的能力继续下降，只有不到一半的州拥有针对所有公立院校的高等教育协调或治理结构，将独立院校纳入其规划和政策制定范围的州更少。在其余州，州级治理职责由两个或两个以上高等教育管理机构分担。其中，许多高等教育管理机构的基本法律授权仍然是 20 世纪 60 年代和 70 年代首次颁布的。

一些州高等教育管理机构继续以符合公共议程的改革的方式调整其战略规划和财政政策。多数州高等教育管理机构继续偏离州高等教育决策核心，游离于州高等教育决策核心之外，而州长、州预算办公室、立法机构、财政和拨款委员会在州高等教育决策程序中居于核心地位。在第五阶段，有几个州的高等教育治理变革实际上已经脱离了建立州政府高等教育政策领导能力的目标。即使在拥有全面协调或治理结构的州，在满足美国高等教育管理中心 2005 年政

---

[1] 亚瑟·M. 科恩，卡丽·B. 基斯克. 美国高等教育的历程（第 2 版）[M]. 梁燕玲，译. 北京：教育科学出版社，2012：300.

策简报的所有要点方面也面临着挑战。在某种程度上，州高等教育协调机构仍然把重点放在传统的监督和监管上，它们没有领导州公共议程或州高等教育战略变革所需的信誉或工作人员。

公立高等教育治理系统（其中大多数仅涵盖公立高等教育系统的一部分）在平衡其内部治理责任及为公共议程提供全州政策领导方面面临挑战。到21世纪第二个十年结束时，各州实施公共议程改革的情况参差不齐。紧随肯塔基州、得克萨斯州之后，一些州（伊利诺伊州、印第安纳州、田纳西州、路易斯安那州和俄克拉何马州等）通过了公共议程，它们调整了州协调董事会的功能，改变了州高等教育财政政策，而在其他州，实现系统性变革的障碍依然存在。

3. 第五阶段结束时美国各州的高等教育治理状况

总之，这一阶段各州延续了前一时期的改革趋势，但更加强调州优先事项即公共议程。尽管各州高等教育对政策领导的需求增加，但许多州高等教育董事会和管理机构扮演这一角色的能力继续下降。表2.7总结了这一阶段州高等教育管理机构在6项职能上的变化。[1]

表2.7　2008年州高等教育管理机构的6项职能

州高等教育管理机构履行的职能	州高等教育管理机构扮演的角色
州层面的规划	更加重视制定战略规划（公共议程），确立长期的州高等教育目标，以增加州居民的教育收益，包括缩小州优势群体和劣势群体在高等教育机会、高等教育参与和学业完成方面的差距；维持高等教育费用的可承受性，将高等教育与州未来的经济竞争环境联系起来；许多州没有机会制定和持续关注整个高等教育系统的长期公共议程
州财政预算与资源分配	放松财政管制，将州财政政策与州公共议程进行捆绑；实施基础加或基础减资助；将新的绩效资助变为成果导向资助，试图使州拨款、学费政策与学生经济资助一致起来

[1] MCGUINNESS A. State Policy Leadership for the Future：History of State Coordination and Governance and Alternatives for the Future［R］. Education Commission of the States，2016：1－54.

续表

州高等教育管理机构履行的职能	州高等教育管理机构扮演的角色
高等教育数据使用	利用信息系统监测高等院校实现州高等教育目标的进展情况，并使各院校对州公共议程的执行负责；更加重视纵向学生数据系统，以便能够通过学生管理信息系统分析和监测学生取得学位或证书的进展
规章制度	在采购、资本投资和人力资源等领域继续放松州程序性管制；随着各州在经济危机中削减对院校的资助，州政府批准新旧专业以及审查、批准院校使命变化的权力继续弱化
管理、服务机构职能	继续强化州许可、授权以使更多的院校有资格获得联邦学生资助项目；通过州互惠协议加强对跨州提供的远程教育课程的监管；继续管理州学生资助项目等
系统与院校治理	大学治理系统更加注重内部管理，而不是协调大学系统的优先事项与州政府的长期目标

2.1.6　2008 年以后的美国州政府州立大学治理模式

第六阶段的高等教育治理变革是前一阶段许多变革主题的延续。该阶段突出的主题是根本性改革的紧迫感。经济危机与恢复经济竞争力的担忧促使更多的州实施长期的公共议程。美国政府当时定下的目标是到 2020 年美国大学毕业生比例在世界上最高。卢米纳基金会定下的目标是到 2025 年将拥有高质量学位和证书的美国人比例提高到 60%。比尔和梅琳达·盖茨基金会“完成高等教育的美国”的倡议和其他倡议显然对州政策产生了影响。

1. 州政策领导能力的变革

尽管高等教育治理需要更有效的州政策领导能力，但各州的高等教育政策领导能力在经济危机初期进一步下降。高等教育治理的变革往往与严峻的经济压力在时间上相吻合。金融危机时期也不例外。全美各地的情况喜忧参半，少数几个州采取了引人瞩目的措施集中治理，但高等教育变革的主导模式继续强调放松管制和权力下放。金融危机时期的经济和政治环境进一步侵蚀了其他州高等教育管理机构的政策领导能力。[1]

第一，在一些州，州长通过任命州高等教育执行官员并要求执行官员根据州长的意愿履职或在某些情况下将高等教育管理机构直接与州长办公室合并获得了先前独立性协调机构的控制权。在短期内，这些变革增加了州长考虑协调机构建议的机会。尽管如此，这些高等教育协调机构已经失去了一定的独立性，失去了向州长和州立法机构提供客观的分析和建议的权利，也失去了州高等教育领导层的信任。由于高等教育管理机构的领导层将在新的州长当选后被取代，因此，高等教育管理机构持续关注州长期目标与改革目标的能力也被削弱了。

第二，由于各高等教育管理机构试图弱化其监管角色，避免卷入院校治理和管理问题，州政府要求它们继续履行监管职能，使它们重新扮演以前扮演的角色。州立法者对院校治理董事会和校长的决策尤其是学费上涨这种敏感问题的不满，以及州立法者对院校游说和院校争议的反应导致高等教育协调机构有了新的任务，最终将高等教育协调机构卷入与院校领导人的潜在冲突中。州议会要求高等教育协调董事会管理教师工作量、课程内容和其他实质性问题加剧了州协调机构与院校之间的紧张局势。

第三，拥有两个或两个以上大型治理系统但没有整个高等教育系统协调机构的州仍然很难为整个州所有院校制定公共议程。

第四，在预算危机和削减州雇员时，高等教育管理机构的工作人员被裁减，因为高等教育管理机构的工作人员根本没有能力承担更具战略性的领导任务。

第五，对州雇员工资的限制使高等教育管理机构与公立大学相比，对合格工作人员的吸引力不足，特别是同时具备学术信誉和公共政策专长的工作人员。

2. 州预算过程与高等教育资助脱节

在这一阶段，各州面对的最棘手的政策问题是州财政政策与高等教育公共议程脱节。正如第二阶段和第三阶段总结的那样，许多州的协调委员会在20

[1] MCGUINNESS A. State Policy Leadership for the Future：History of State Coordination and Governance and Alternatives for the Future ［R］. Education Commission of the States，2016：1 -54.

世纪 60—80 年代的一个关键作用是就高等教育财政政策向州长提供建议。随着州长预算办公室和立法人员在高等教育政策领域专业知识的增长，州高等教育协调董事会的作用有所下降。在最近 20 多年里，州协调董事会甚至被排除在与州预算和拨款有关的核心决策过程之外（当然也有例外，例如在田纳西州）。在第三阶段早期，各州将主要由非专业人员组成的州协调董事会视为制定州规划和提出预算建议的核心力量。州长和州立法机构期望协调董事会在立法之前解决州政府与院校优先事项之间的分歧。州立法机构始终保留作出最终决定的权力，但他们希望协调董事会就决策框架提出建议。

21 世纪以来，人们对于是否需要建立协调董事会出现了争论，协调董事会批准州高等教育战略规划和提供高等教育预算建议的工作对立法机构的重要性有所下降。然而，如果协调董事会让州长和州议会参与协调董事会的决策过程，那么这种重要性就会提高。州长预算办公室和立法机构可能依赖于协调董事会工作人员的数据和技术分析，但它们不太相信协调董事会中一些非专业人士提出的建议。在没有州协调机构和两个或两个以上治理董事会的州，治理董事会、州预算办公室和立法机构没有能力在整个高等教育系统内制定州高等教育政策。因此，大多数州缺乏一个高等教育协调机制，让主要州领导人齐聚一堂，为高等教育体系的绩效和可持续性制定长期的战略目标，并制定实现这些战略目标的战略规划。在有限的公共资金和严重的学生高等教育费用负担能力问题的限制下，对于如何实现这些目标，没有任何一方可以作出战略决定。

在理想的情况下，州财政政策通过将资助决策与明确的州目标联系起来制定资助政策，并确保州拨款、学费和学生资助的决策同步进行。例如，如果拨款减少需要增加学费，州政府应履行对低收入家庭的学生的承诺，确保他们负担得起高等教育费用。为此，州政府须确保为学生提供足够的资助。州政府认识到学生和院校在资助方面都需要一定程度的可预测性。就学生和家庭而言，他们要支付学费、生活费和其他费用。就院校而言，它们需要完成教学与研究任务（如必须为学生的就学做好专业和师资准备）。现实情况是，州政府拨款、学费和学生资助的决策往往不是参照州高等教育目标制定的，且相互之间不协调、不同步，不同的决策者工作计划不同。

更为复杂的是，各州对高等教育资助的不同部分分别作出决策。在一些州，公共雇员的附加福利预算与公立院校运营预算分开编制。研究经费的决策往往是在制定经济发展预算的背景下作出的，而劳动力培训经费的决策则是在另一个领域作出的。在许多州，特别是那些公立院校具有州法律地位的州，州预算办公室和立法拨款委员会认为，州拨款和学费收入可用于弥补财政年度的预算短缺或平衡州总体预算。州预算办公室可以在年中从院校预算中提取先前拨付的资金（在某些情况下包括学费收入），并将其分配给本州其他公共事业（如资助医疗保健）。

在一场争论中，州长和立法机构质疑州立大学系统保留储备金（大学为确保一定程度的预算稳定而保留的前几年结转的未动用资金）。这种质疑很少是以考虑州拨款、学费和学生资助之间相互关系的方式作出的。这种情况没有对州高等教育领导人作出战略性决策的能力产生影响，也没有对州高等教育领导人调整院校资源的能力产生影响。州高等教育领导人没有为学生提供强大的师资，未能确保州科学研究的持续发展。

3. 州高等教育治理变革的总体政策环境

为了保持高等教育的可持续发展，各州需要围绕州高等教育长期目标的实现和公立高等教育事业的重塑进行必要的变革。但人们越来越发现，州政策环境成为各州高等教育变革的主要障碍。美国州立大学系统早些时候建立的决策过程和治理结构不足以应对其未来发展所面临的挑战。争取州政府领导人对高等教育治理变革的支持仍然是一项挑战。

州高等教育治理变革的政治环境堪忧，州政治力量高度分裂，关于州政府角色的对立性观点分歧严重。这些问题为州高等教育治理的变革增加了难度。州政府领导层更替、任期限制和政治分歧意味着短期议程会分散州政府领导人对高等教育长期变革的注意力。州政府官员对高等教育结构的基本原理缺少理解，这包括高等教育的基本价值观如自治的必要性和州立大学系统在一定程度上的独立性。美国州立大学对政府缺乏信任成为一个长期的主题。

在经济危机中，各州加强了对预算过程、公共就业和州资金支出的控制。在这种环境下，将长期战略目标与财政政策挂钩的长期战略几乎没有空间。州政府和州立大学之间缺乏有效沟通的机会。州预算办公室和立法拨款委员会的工作重点是平衡州预算，控制州拨款支出，减少或控制养老金和医疗保健的长期负债。

比尔和梅琳达·盖茨基金会、卢米纳基金会利用州政策变革的支撑作用，在促进高等教育变革方面发挥着重要作用。虽然两个基金会已经参与州高等教育管理机构的一些活动，但它们的工作重点是与州长工作人员和州立法者直接接触，提出高等教育政策变革的建议，如设立长期教育成就目标和实施成果导向资助。州高等教育董事会不再是美国高等教育变革的主要领导者，这是各州高等教育的内外环境变化得更加复杂的结果。

比尔和梅琳达·盖茨基金会、卢米纳基金会的政策倡导至少具有短期影响。2014 年的一项调查发现，有 26 个州确定了提高公民高等教育水平的目标，14 个州没有确定这样的目标，10 个州处于确定这样目标的过程中。越来越多的州已经实施了成果导向学生资助。回顾州长发布的州高等教育信息、州立法机构提出的高等教育法案和州高等教育董事会的议程，人们可以发现，“完成高等教育的美国”倡议对从强调入学到强调毕业的转变有着明显的影响。“完成高等教育的美国”倡议改变了发展性教育变革的话题，让更多的学生走出补习教育的死胡同，进入学分课程，将补习教育嵌入学分课程并推动其他改革。有几个州已经设定了目标，并在这两家基金会发出倡议之前就实施了绩效资助。比尔和梅琳达·盖茨基金会、卢米纳基金会鼓励其他州也这样做。

上述这些改革议程的可持续性也是一个需要面对的问题。这体现在以下两个方面。一方面，让州立法机关颁布法案是一项挑战，另一方面，实施这些法案则会面临更加复杂的困局。当前的政策环境、过时的州协调机制、州立大学系统治理和监管是实施持续性、系统性变革的主要障碍。尽管各州正在颁布比尔和梅琳达·盖茨基金会、卢米纳基金会倡导的法律，但除少数几个州外，这些战略在很大程度上与州政府关于州高等教育体系不同部分的决策脱节。

印第安纳州和田纳西州等州拥有久负盛名的州政策领导机构，其高等教育改革最有可能产生长期影响。如果没有有效的州高等教育政策领导和执行能力，州高等教育改革很可能会随着时间的推移而中断，而取而代之的是下一次高等教育改革的立法建议。

2015 年，全美只有 31 个州的高等教育管理机构可以承担美国高等教育管理中心建议的广泛事务，其中 21 个州设有州协调董事会。剩下的 10 个州设有院校系统治理董事会，治理董事会负责全州所有的公立院校。其余 19 个州有两个或更多治理董事会，在某些情况下，一些州还有多个系统和院校治理董事会。这些董事会中的每一个都有责任制定其系统或院校的战略规划，但它们无权为整个高等教育系统制定此类规划或制定公共议程。

4. 第六阶段结束时美国各州的高等教育治理状况

综上所述，在这一阶段，前一阶段聚焦公共议程的趋势延续下来，州政府新的重点是制定高等教育长期目标，以提高本州居民的教育水平和学生的毕业率。财政政策继续朝着更加注重绩效（继而是更加注重成果）的资助方向转变。然而，各州制定和持续关注战略规划以及使财政政策与这些战略规划保持一致的能力继续下降。由于缺乏战略规划、政策分析方面的工作人员的支持和资金，州高等教育管理机构越来越依赖资金来履行监管、服务的职能。表 2.8 归纳了州高等教育管理机构从政策领导向对项目、计划的管理和监管的转变。[1]

表 2.8　2008 年后州高等教育管理机构的 6 项职能

州高等教育管理机构履行的职能	州高等教育管理机构扮演的角色
州层面的规划	继续强调制定战略规划（公共议程）和长期的州高等教育目标以提高卢米纳基金会倡导的提升州居民的教育程度，并在“完成高等教育的美国”倡议的鼓励下，重新强调提升学业完成率。州执行长期目标和公共议程的能力减弱，因为州减少了现有机构的工作人员，在某些情况下，在经济危机中取消了州高等教育管理机构。与前一阶段一样，许多州没有机会制定和持续关注整个高等教育系统的长期公共议程
州财政预算与资源分配	成果导向资助的持续扩大受到基础减资助的冲击，再加上人们对高等教育费用负担能力的担忧，各州推出了各种价格控制措施。经济危机中的州预算与州公共议程改革脱节
高等教育数据使用	利用信息系统监测州高等教育目标的进展情况，并使各院校对州公共议程承担责任的趋势不变，州政府新的重点是学生学业的完成率。州政府日趋重视纵向学生数据系统，以便能够分析和监测学生完成学位或获得证书以及进入劳动力队伍的进展情况
规章制度	在采购、资本投资和人力资源开发等领域继续放松州程序性管制。随着各州在经济危机中削减对州高等教育管理机构的资助，州在批准新旧专业以及审查和批准院校使命变化方面的权力继续弱化

[1] MCGUINNESS A. State Policy Leadership for the Future: History of State Coordination and Governance and Alternatives for the Future [R]. Education Commission of the States, 2016: 1 – 54.

续表

州高等教育管理机构履行的高等教育职能	州高等教育管理机构扮演的角色
管理、服务机构职能	继续加强州许可、授权以使更多的院校有资格获得联邦学生资助。继续负责州学生资助管理工作等
系统与院校治理	出现了州政府权力下放和州立大学系统领导力度下降的混合模式，在建立新的治理系统以取代州协调董事会方面的权力重新集中。在面临严峻的经济困境时，个别州努力重新设计州立大学系统的角色，以使其领导变革并实现州和州立大学系统的高等教育目标

2.2　多元视角下的美国州政府州立大学治理模式

有关美国州立大学治理模式的研究视角极其丰富多元，诸多学者从不同的角度开展了美国州政府州立大学治理模式的探讨，成果丰硕。这些成果极大地丰富了人们对于美国州政府州立大学治理模式的认识。以下仅就部分最具代表性的成果做简要梳理和分析。

2.2.1　基于功能划分的美国州政府州立大学治理模式

在讨论美国州政府州立大学治理模式的研究中，主导性的研究视角是从州政府高等教育治理机构功能划分的角度进行探索。

1. 20 世纪 80—90 年代基于功能划分的美国州政府州立大学治理模式研究

该分类是由麦克吉尼斯（McGuinness）在 1988 年出版的《州级中等后教育结构》一书中提出的，此后得到学界一致认同。麦克吉尼斯根据高等教育管理机构职责权限的内容与大小，将 20 世纪 80 年代末各州高等教育治理模式划分为统一治理委员会模式、协调委员会模式和规划机构模式 3 种类型。[1]

---

[1] MCGUINNESS A. State Postsecondary Education Structure Handbook [M]. Denver: The Education Commission of the States, 1988: 3-4.

1994 年和 1997 年，麦克吉尼斯在同一课题的研究中，沿用了这种分类方式，并且在 1994 年依据克尔等人的研究和分类，继续深化了对美国州立大学治理模式的研究，将美国州立大学治理模式细分为统一型治理模式、分割式模式和院校单设董事会模式 3 类。麦克吉尼斯这种依据功能划分美国州政府高等教育治理机构的方式形成了美国州级高等教育治理的 3 大模式：统一治理模式、协调治理模式和规划治理模式。[1]

（1）统一治理模式

美国共有 24 个州的州政府对州立大学采用统一治理模式。在统一治理模式下，设有统一治理委员会的州通常设有一个或两个委员会，其主要的功能和职责是控制或治理其管辖的州立大学。需要说明的是，这些委员会负责的都是州立院校。有 11 个州将所有的州立院校置于一个委员会的监管之下。有 10 个州将治理的责任划分到两个委员会之下，其中一个负责四年制的州立大学，另一个负责两年制的州立学院。有 3 个州采用分割式治理模式，研究型州立大学由一个委员会治理，其他的四年制和两年制州立院校由另一个委员会治理。

设有统一治理委员会的州将大量的权力和职责授予核心委员会，其主要职责有：①代表管辖的院校向州长和州立法机构直接提出意见和建议；②任命、辞退大学系统或院校行政主管，设定其薪水；③任命、辞退院校其他行政人员或员工，确定其任期和薪水；④行使法人资格；⑤制定政策，确定院校的优先发展顺序；⑥确定管辖院校的学费和其他费用或者出台收费的政策；⑦根据管辖院校的预算请求确定优先顺序，一次性下拨州政府的拨款。[2]

（2）协调治理模式

美国有 24 个州的州政府对州立大学采用协调治理模式。在协调治理模式下，州政府设立协调委员会，其核心委员会负责协调州内的高等教育，但对各院校不行使治理权。这些州对州立大学的治理权各不相同。有 6 个州将治理权力分散化，将治理权交到院校手中，有 7 个州将治理权交给两个或更多的大型校园治理委员会。剩下的 11 个州同时采用两种方式，有些院校作为多校园系统的子系统，由核心委员会治理，另外一些院校由当地的委员会治理。由于核

---

[1] 杨文明．美国州政府对州立大学治理模式的实证研究［M］．北京：商务印书馆，2015：75.

[2] WALLER C, COBLE R, SCHARER J, GIAMPORTONE S. Governance and Coordination of Public Higher Education in All 50 States［R］. Raleigh: the North Carolina Center for Public Policy Research, Inc., 2000: 11.

心委员会没有获得授权治理院校，这些州的核心委员会主要关注整个公立院校（包括两年制社区学院和技术学院以及四年制的学院与大学）的规划与协调。这些州的核心委员会既负责协调州内的公立院校，也负责协调州内其他高等教育治理主体——州长、州立法人员、院校治理委员会和多校园委员会。❶

协调委员会划分为监管委员会和咨询委员会，两者的区别在于委员会对州高等教育系统学术发展的影响力不同。监管型协调委员会通常有权审批州内公立院校申报的新专业，也有权撤销现有专业。就其本身而论，这些委员会实际上负责调整各院校及全州的学术政策。相比之下，咨询型协调委员会只审查各院校提出的专业申请并就现有专业布点情况向州长和立法机构提出建议，但是它们不能保证这些建议会得到采纳。❷

协调委员会的其他职责包括：①明确全州高等教育的需求并列出优先顺序；②为高等教育系统及其院校、州政府和市民收集并分发高等教育的信息资料；③审查院校预算并提出没有约束性的建议；④向州长和州立法机构提交高等教育系统统一的预算。任何特定委员会的具体职责可能包含所有上述内容，也许仅包含其中的一项或几项内容。另外，任何特定的职责在不同的委员会之间变化很大。❸

（3）规划治理模式

在规划治理模式中，设有高等教育规划机构的州设置了核心委员会，其主要职责是搜集信息并发起或促进院校、政策制定者及州内参与高等教育的个人与机构之间的对话。这些委员会没有权力治理任何高等院校，也没有正式的协调职责。高等教育治理基本上是分散进行的，也没有正式的机构或委员会负责协调。❹

2. 21 世纪初基于功能划分的美国州政府州立大学治理模式研究

2000 年，沃勒（Waller）等人对设置了统一管理机构的高等教育治理模式

❶ 杨文明. 美国州政府对州立大学治理模式的实证研究［M］. 北京：商务印书馆，2015：77.

❷ 同❶。

❸ WALLER C，COBLE R，SCHARER J，GIAMPORTONE S. Governance and Coordination of Public Higher Education in All 50 States［R］. Raleigh：the North Carolina Center for Public Policy Research，Inc.，2000：213.

❹ WALLER C，COBLE R，SCHARER J，GIAMPORTONE S. Governance and Coordination of Public Higher Education in All 50 States［R］. Raleigh：the North Carolina Center for Public Policy Research，Inc.，2000：33.

做了进一步的深入分析,❶ 具体情况见表2.9。

表2.9 州政府设有统一管理机构的州立大学治理模式

统一管理机构情况	有代表性的州
仅有一个管理机构管理所有两年制和四年制院校	阿拉斯加州、佐治亚州、夏威夷州、爱达荷州、堪萨斯州、蒙大拿州、内华达州、北达科他州、罗得岛州、南达科他州、犹他州
设有一个管理机构管理四年制院校，另一个协调或治理委员会管辖社区学院和技术学院	亚利桑那州、佛罗里达州、艾奥瓦州、缅因州、密西西比州、新罕布什尔州、北卡罗来纳州、俄勒冈州、威斯康星州、怀俄明州
设有一个管理研究型大学的机构，其他的四年制和两年制高校由另一个机构管理	明尼苏达州、佛蒙特州、西弗吉尼亚州

此外，沃勒（Waller）等人还对设置了协调性州高教管理机构的高等教育治理模式做了进一步的深入分析,❷ 具体情况见表2.10。

表2.10 州政府设有协调性管理机构的州立大学治理模式

协调性管理机构情况	有代表性的州
院校治理委员会治理	肯塔基州、新泽西州、新墨西哥州、俄亥俄州、南卡罗来纳州、弗吉尼亚州
由两个或更多的多校园治理委员会治理	加利福尼亚州、康涅狄格州、路易斯安那州、马萨诸塞州、内布拉斯加州、纽约州、田纳西州
多校园治理委员会和院校治理委员会共同治理	阿拉巴马州、阿肯色州、科罗拉多州、伊利诺伊州、印第安纳州、马里兰州、密苏里州、俄克拉何马州、宾夕法尼亚州、得克萨斯州、华盛顿州

在2002年的一份报告里,❸ 联邦教育委员会回顾了全美50个州与华盛顿哥伦比亚特区中等后教育治理模式的状况。这篇文献的附录提供了各州高等教

❶ WALLER C, COBLE R, SCHARER J, GIAMPORTONE S. Governance and Coordination of Public Higher Education in All 50 States [R]. Raleigh: the North Carolina Center for Public Policy Research, Inc., 2000: 11-31.

❷ 同❶。

❸ EHRENBERG R G. Governing Academia [M]. New York: Cornell University Press, 2004: 52-53, 1-2.

育治理模式的详细资料。该报告指出，全美有 3 个州没有全州范围的中等后教育治理机构，25 个州设有协调性董事会，8 个州设有规划性董事会，15 个州设有治理性董事会。绝大多数的董事会成员由州长任命，且多数由州立法机构正式批准。这些董事会的规模从 7 人到 32 人不等，平均规模为 13 名成员。各个机构的治理在各州都不一样，像阿拉斯加州、佐治亚州和缅因州只有一个系统来管理所有的公立高校，而得克萨斯州却由不同的治理委员会管理不同类型的高校。具体情况见表 2. 11。

表 2. 11　美国各州高等教育治理模式

州	治理模式	董事会成员人数	董事会成员任命方法	大学系统或董事会的数量	大学系统或董事会的名称
亚拉巴马州	协调	12	10 名由州长任命、2 名由州议会任命	2	阿拉巴马大学、特洛伊州立大学
阿拉斯加州	协调	14①	—	1	阿拉斯加大学
亚利桑那州	规划	13	由州长任命	2	大学和社区学院
阿肯色州	协调	12	由州长任命	3	阿肯色大学、阿肯色州立大学、南阿肯色大学②
加利福尼亚州	规划	16①	—	3	加利福尼亚大学、加利福尼亚州立大学、加利福尼亚社区学院
科罗拉多州	协调	9	由州长任命	4	科罗拉多大学、农业董事会、州立学院、社区学院②
康涅狄格州	协调	11	7 由州长任命、4 名由州议会任命	3	康涅狄格大学、康涅狄格州立大学、社区技术学院②
特拉华州	规划	13	由州长任命	3	特拉华大学、特拉华州立大学、技术和社区学院
华盛顿哥伦比亚特区	治理	16	11 名由市长任命、3 名是校友、1 名是学生、1 名是哥伦比亚特区大学校长	1	哥伦比亚特区大学
佛罗里达州	治理	7	选举产生的官员	39（单一院校性质）	单一院校董事会
佐治亚州	治理	16	由州长任命	1	佐治亚大学系统
夏威夷州	治理	12	由州长任命	1	夏威夷大学

续表

州	治理模式	董事会成员人数	董事会成员任命方法	大学系统或董事会的数量	大学系统或董事会的名称
爱达荷州	协调	8	7名由州长任命、1名由选举产生	1	爱达荷大学[③]
伊利诺伊州	协调	15[①]	—	—	每所高校都有自己的董事会
印第安纳州	协调	14	12名由州长任命、1名是学生、1名是教师	8	鲍尔州立大学、印第安纳州立大学、州立常春藤工学院、印第安纳大学、印第安纳大学-普渡大学韦恩堡分校、普渡大学、文斯尼斯大学、南印第安纳大学
艾奥瓦州	治理	9	由州长任命	—	无
堪萨斯州	治理	9	由州长任命	—	没有四年制大学的董事会，社区学院拥有各自的董事会
肯塔基州	协调	16	15名由州长任命、1名由选举产生	1	肯塔基社区和技术学院系统[②]
路易斯安那州	协调	16	15名由州长任命、1名为学生	3	路易斯安那州立大学、南方大学、路易斯安那大学
缅因州	治理	16	由州长任命	1	缅因州大学系统
马里兰州	协调	12	由州长任命	4	马里兰大学系统、摩根州立大学、圣·玛丽学院、巴尔的摩城市社区学院[④]
马萨诸塞州	协调	12	11名由州长任命、1名由州议会任命	2	马萨诸塞大学、高等教育董事会[⑤]
密歇根州	无	—	—	42（单一院校性质）	单一院校董事会[⑥]
明尼苏达州	规划	8	由州长任命	2	明尼苏达大学、明尼苏达州立大学
密西西比州	治理[⑦]	12	由州长任命	—	无
密苏里州	协调	9	由州长任命	4	密苏里大学、林肯大学、杜鲁门州立大学、林恩州立技术学院[⑧]

续表

州	治理模式	董事会成员人数	董事会成员任命方法	大学系统或董事会的数量	大学系统或董事会的名称
蒙大拿州	治理	10	7 名由州长任命、3 名由选举产生	—	无
内布拉斯加州	规划	11	由州长任命	2	内布拉斯加大学、内布拉斯加州立学院②
内华达州	治理	13	选举产生		无
新罕布什尔州	规划	22	12 名由州长任命、10 名由州议会任命	2	新罕布什尔大学系统、社区技术学院系统
新泽西州	规划	8	由州长任命	31（单一院校性质）	单一院校董事会
新墨西哥州	协调	15	由州长任命	15（单一院校性质）	单一院校董事会
纽约州	协调	16	由州议会任命	2	纽约州立大学、纽约城市大学
北卡罗来纳州	治理⑨	32	由州议会任命	75（单一院校性质）	单一院校董事会（包括社区学院）
北达科他州	治理	7	由州长任命	—	无
俄亥俄州	协调	11	9 名由州长任命、2 名由选举产生	19	鲍林格林州立大学、阿克伦大学、莱特州立大学、中部州立大学、克利夫兰州立大学、肖尼州立大学、托莱多大学、杨斯顿州立大学、俄亥俄大学、俄亥俄州立大学、肯特州立大学、辛辛提那大学、迈阿密大学、社区学院
俄克拉何马州	协调	9	由州长任命	3 + 13（单一院校性质）	俄克拉何马大学、俄克拉何马学院、俄克拉何马农业和机械学院、单一院校董事会
俄勒冈州	协调	11	由州长任命	1	俄勒冈大学系统⑩

续表

州	治理模式	董事会成员人数	董事会成员任命方法	大学系统或董事会的数量	大学系统或董事会的名称
宾夕法尼亚州	规划	22	由州长任命	5+14（单一院校性质）	宾夕法尼亚州高等教育系统、宾夕法尼亚州立大学、坦普尔大学、林肯大学、匹兹堡大学、单一院校性质的社区学院董事会
罗得岛州	治理	15	13名由州长任命、2名由州议会任命		无
南卡罗莱纳州	协调	14	由州长任命	2+11（单一院校性质）	南卡罗莱纳大学、两年制学院、单一院校董事会
南达科他州	治理	9	由州长任命	—	无
田纳西州	协调	15	11名由州长任命、4名由选举产生	2	田纳西大学、州大学和社区学院系统
得克萨斯州	协调	18	由州长任命	6+54（单一院校性质）	得克萨斯大学、得克萨斯农工大学、得克萨斯州立大学、休斯敦大学、北得克萨斯大学、得克萨斯工业大学及单一院校董事会，其中包括社区学院董事会
犹他州	治理	18	16名由州长任命、2名由州议会任命	10（单一院校性质）	单一院校董事会
佛蒙特州	无	—	—	2	佛蒙特大学董事会、佛蒙特州立学院董事会
弗吉尼亚州	协调	11	由州长任命	15	弗吉尼亚社区学院系统董事会、独立的四年制大学董事会
华盛顿州	协调	9	由州长任命	13	社区学院董事会、独立的四年制大学董事会
西弗吉尼亚州	协调	9	7名由州长任命、2名由州议会任命	13（单一院校性质）	单一院校董事会

续表

州	治理模式	董事会成员人数	董事会成员任命方法	大学系统或董事会的数量	大学系统或董事会的名称
威斯康星州	无	17	15 名由州长任命、2 名由州议会任命	2	威斯康星大学董事会、威斯康星工学院系统董事会
怀俄明州	协调	18①	—	8 +7（单一院校性质）	怀俄明大学董事会、单一院校性质的社区学院董事会

注：① 任命程序十分复杂，详细内容可参考各州教育委员会的报告。

② 本州其余大学拥有单一院校性质的董事会。

③ 每个社区学院拥有一个由地方选举产生的董事会。

④ 其余社区学院拥有自己的董事会。

⑤ 高等教育董事会有权治理 9 个州立大学和 15 个社区学院。

⑥ 3 个大学董事会经民众选举产生，10 个由州长任命，29 个社区学院有经地方选举产生的董事会。

⑦ 密西西比州也有一个治理社区学院的州级协调机构，它由州长任命的 10 名成员组成。

⑧ 有 7 个单一院校性质的四年制大学董事会和 12 个单一院校性质的社区学院董事会。

⑨ 该州还有一个全州社区学院董事会，拥有 20 名成员，其中 10 人由董事会主席任命，8 人由州议会任命，2 人是选举的官员。

⑩ 俄勒冈州学校董事会有权治理本州的 17 个社区学院。

在此，我们可将表 2. 11 简化为表 2. 12 的形式。

表 2. 12　美国各州高等教育治理模式

治理模式	对应的州	对应州的数量
治理	华盛顿哥伦比亚特区、佛罗里达州、佐治亚州、夏威夷州、艾奥瓦州、堪萨斯州、缅因州、密西西比州、蒙大拿州、内华达州、北卡罗来纳州、北达科他州、罗得岛州、南达科他州、犹他州	15
规划	亚利桑那州、加利福尼亚州、特拉华州、明尼苏达州、内布拉斯加州、新罕布什尔州、新泽西州、宾夕法尼亚州	8
协调	亚拉巴马州、阿拉斯加州、阿肯色州、科罗拉多州、康涅狄格州、爱达荷州、伊利诺伊州、印第安纳州、肯塔基州、路易斯安那州、马里兰州、马萨诸塞州、密苏里州、新墨西哥州、纽约州、俄亥俄州、俄克拉何马州、俄勒冈州、南卡罗来纳州、田纳西州、得克萨斯州、弗吉尼亚州、华盛顿州、西弗吉尼亚州、怀俄明州	25
无	密歇根州、佛蒙特州、威斯康星州	3

3. 基于功能划分的美国州政府州立大学治理模式的最新研究

2019年，富尔顿对于美国50个州及华盛顿哥伦比亚特区的高等教育治理模式再次进行深入研究，将美国50个州及华盛顿哥伦比亚特区的高等教育治理模式归纳为4类：单一性州协调董事会、单一性州治理董事会、一个或多个系统协调或治理董事会、管理或服务机构。[1]

表2.13说明了各种治理模式里不同的治理结构。[2] 这些治理结构反映了系统与分校层面董事会的类型及管理和服务机构的活动方式。密歇根州没有全州范围的高等教育董事会或系统范围的董事会，因而不属于上述任一治理模式。

表2.13　基于董事会类型的美国州立大学治理模式

董事会类型	州数量	董事会或机构数量	所属州
单一性州协调董事会	20	20	阿拉巴马州、阿肯色州、科罗拉多州、伊利诺伊州、印第安纳州、肯塔基州、路易斯安那州、马里兰州、马萨诸塞州、密苏里州、内布拉斯加州、新墨西哥州、俄亥俄州、俄克拉何马州、俄勒冈州、南卡罗来纳州、田纳西州、得克萨斯州、弗吉尼亚州和华盛顿哥伦比亚特区
单一性州治理董事会	8	8	阿拉斯加州、夏威夷州、爱达荷州、堪萨斯州、蒙大拿州、内华达州、北达科他州和罗得岛州
一个或多个系统治理董事会	14	25	亚利桑那州、加利福尼亚州（3）、康涅狄格州、佛罗里达州（2）、乔治亚州（2）、艾奥瓦州（2）、缅因州（2）、明尼苏达州（2）、新罕布什尔州（2）、纽约（2）、北卡罗来纳州（2）、宾夕法尼亚州、犹他州（2）和佛蒙特州
一个或多个系统协调董事会	2	3	西弗吉尼亚州（2）和怀俄明州

[1] FULTON M. An Analysis of State Postsecondary Governance Structures [J]. Policy Guide, 2019: 1-16.

[2] 同[1]。

续表

董事会类型	州数量	董事会或机构数量	所属州
系统协调与治理董事会	3	6	密西西比州（2）、南达科他州（2）和威斯康星州（2）
管理或服务机构	11 及华盛顿哥伦比亚特区	12	阿拉斯加州、亚利桑那州、康涅狄格州、特拉华州、华盛顿哥伦比亚特区、佛罗里达州、艾奥瓦州、明尼苏达州、新罕布什尔州、新泽西州、纽约州和宾夕法尼亚州

注：表中括号里的数据表示有不止一个董事会的州的董事会数量。

（1）美国州立大学治理模式

有几个州拥有不止一个州协调或治理董事会，有的州还拥有州管理机构。佛罗里达州、艾奥瓦州、新罕布什尔州、纽约州和宾夕法尼亚州在作为管理机构的 K－12 教育部门设有高等教育分支机构。堪萨斯州、蒙大拿州的董事会针对各类高校扮演着治理与协调的角色。不过，这类董事会依然是典型的治理董事会。密西西比州、南达科他州和威斯康星州的四年制高校系统拥有一个治理董事会，两年制高校系统拥有一个协调性的董事会。新墨西哥州高等教育部没有附属的高等教育董事会充当州协调机构。纽约州教育董事会对所有公立 K－12 教育和高等教育负有一定的治理责任。然而，纽约城市大学和纽约州立大学的治理董事会对其管理的高校可以行使较大的权力。俄亥俄州的董事会是该州的协调机构，对于该州高等教育部的执行董事扮演着咨询角色。西弗吉尼亚州针对四年制高校和两年制高校各有一个协调董事会。怀俄明州有一个两年制学院的协调董事会和一个怀俄明大学的治理董事会，怀俄明大学的治理董事会仅是其大学的治理董事会，而不是怀俄明大学系统的治理董事会。

1）单一性的州协调董事会。单一性的州协调董事会在公立高校的治理中扮演着重要角色，有时候还要负责独立学院的协调。俄克拉何马州的高等教育董事会是公立高校的协调董事会，对于独立学院拥有一定的权力。俄克拉何马州的高等教育体系包括四年制高校系统、四年制与两年制高校系统、四年制多校园高校系统，它们分别由不同的董事会管辖。地方治理董事会监管社区学院，社区学院不是上述系统的一部分。弗吉尼亚州高等教育董事会是州公立高校的协调性董事会，对于独立院校负有一定的监管责任。弗吉尼亚州社区学院董事会治理高教系统的两年制院校，各社区学院没有单独的董事会。地方治理董事会监管州四年制院校。

2）单一性的州治理董事会。州治理董事会管理并监管公立高校系统，对于公立高校拥有董事会权力。堪萨斯州和蒙大拿州的董事会在州内各类高校中扮演治理与协调角色。堪萨斯州的董事会被认为是单一性的州治理董事会，尽管对于多数公立高校它还扮演协调角色。董事会统管州内大学，这些大学没有自己的董事会，而地方治理董事会则监管各个相互协调的校园。内华达州高等教育系统的董事会统管着州公立四年制与两年制高校。

3）一个或多个州协调或治理董事会。一个或多个州协调或治理董事会负责监管主要的高等教育系统内的高校。这些州没有单一性的州协调或治理董事会。康涅狄格州高等教育董事会统管州立学院系统、社区学院和网络学院，康涅狄格州没有地方董事会。康涅狄格州除设有高等教育系统董事会，其州内各高校还拥有自己单独的董事会。康涅狄格州高等教育办公室是个管理机构，服务于公立高校和独立院校。密西西比州州立院校董事会统管公立四年制大学，州立大学没有单独的董事会。密西西比州社区学院董事会在两年制院校中扮演协调性角色，两年制院校由地方董事会管理。犹他州董事会管理公立四年制大学和社区学院，而犹他州技术学院系统董事会管理技术院校。两个系统的高校都有地方治理董事会。

4）管理或服务机构。高等教育管理机构监管各类项目，服务于全州院校。这些州还拥有系统层面的协调或治理董事会和个别院校的治理董事会。根据拥有独立的办公室还是附设在其他部门内，州高等教育管理机构所服务的院校类型及其他特征有所不同。此外，至少有 15 个州设有独立的办公室来管理学生资助，除了这些服务之外，有些管理机构还有其他责任。这 15 个州分别是加利福尼州、乔治亚州、伊利诺伊州、艾奥瓦州、肯塔基州、缅因州、密歇根州、密西西比州、新泽西州、纽约州、北卡罗来纳州、宾夕法尼亚州、田纳西州、佛蒙特州和威斯康星州。阿拉斯加州、亚利桑那州、康涅狄格州、明尼苏达州和新泽西州 5 个州设有独立的高等教育管理机构。密歇根州的预算办公室也是一个独立的管理机构，对于高校负有责任。有 6 个州和华盛顿哥伦比亚特区在 K－12 教育部门内设有高等教育分支机构。这 6 个州分别是特拉华州、佛罗里达州、艾奥瓦州、新罕布什尔州、纽约州和宾夕法尼亚州。所有机构服务于公立四年制院校、公立两年制院校，有时还涵盖其他高校，如独立院校、非营利院校、专门院校、网络院校或其他特别的院校。只有佛罗里达州和艾奥瓦州的高等教育分支机构除外，这两个州的高等教育分支机构服务于两年制院校。

（2）美国州立大学治理结构的核心要素

在 50 个州的高等教育治理结构中州教育委员会涵盖了大量治理要素。以下 4 种要素是 50 个州的高等教育治理结构中普遍存在的治理要素：州政府和系统董事会的法定权力、高等教育董事会的主要职责、美国州立大学行政官员的任命权、协调与治理董事会成员的遴选程序。

1）州政府和系统董事会的法定权力。各州通过宪法条款、法规、章程或行政命令确定高等教育董事会的法定权力。有时候，董事会的法定权力可援引多项法律。这些法律文件在不同程度上界定了董事会的职责和权限，并涵盖与董事会成员资格有关的规定。州政策制定者的首要目标是确保高校服务于公共利益，同时为高校提供充分的自治权以便于高校控制内部决策与运行。州宪法条款可能会限制政策制定者对于高等教育系统、高校及其治理董事会的影响，对于这些条款的变更通常需要选民的批准。

通过州法规确定高等教育董事会和管理机构法定权力的州，州领导人一般拥有较大的权力命令或激励高等教育董事会和管理机构采用各种政策和方案。例如，州立法机关会要求具有法定权力的州立大学董事会实施一项特定的学生成功计划，而对于具有宪法授权的州立大学董事会，州立法机关没有强制权，而只能以协商的方式要求它们这样做。而且，随着时间的推移，州立法人员可以利用立法程序来改变州政府对于州立大学的管辖权。美国教育委员会审视了 60 多个协调和治理董事会后发现，大多数高等教育董事会是通过州法规设立的。表 2.14 归纳了在不同法律性质下建立的系统协调董事会及治理董事会的数量。[1]

表 2.14　不同法律性质下建立的高等教育董事会

法律性质	州数量	董事会数量	所属州
州宪法	17	18	亚利桑那州、加利福尼亚州、佛罗里达州（2）、乔治亚州、堪萨斯州、路易斯安那州、明尼苏达州、密西西比州、密苏里州、蒙大拿州、内布拉斯加州、内华达州、纽约州、北达科他州、俄克拉何马州、宾夕法尼亚州和南达科他州

[1] FULTON M. An Analysis of State Postsecondary Governance Structures [J]. Policy Guide, 2019: 1–16.

续表

法律性质	州数量	董事会数量	所属州
州法规	36	44	亚拉巴马州、阿拉斯加州、阿肯色州、加利福尼亚州（2）、科罗拉多州、康涅狄格州、乔治亚州、夏威夷州、爱达荷州、伊利诺伊州、印第安纳州、艾奥瓦州（2）、肯塔基州、缅因州、马里兰州、马萨诸塞州、明尼苏达州、密西西比州、新罕布什尔州（2）、新墨西哥州、纽约州（2）、北卡罗来纳州（2）、俄亥俄州、俄勒冈州、罗得州、南卡罗来纳州、南达科他州、田纳西州、得克萨斯州、犹他州（2）、佛蒙特州、弗吉尼亚州、华盛顿州、西弗吉尼亚州（2）、威斯康星州（2）和怀俄明州
州政府颁发的特许证	1	1	缅因州

注：① 通过行政令建立的乔治亚州技术学院系统董事会也拥有法定权力。

② 在夏威夷州，州宪法还建立了夏威夷大学董事会，并规定了董事会成员及其对大学系统的一般管辖权。

③ 爱达荷州的教育委员会也是援引州宪法建立的。

④ 尽管州董事会法定权力的相关细节来源于州法规，但堪萨斯州的高等教育董事会是依据州宪法建立的。

⑤ 表中括号里的数据表示有不止一个董事会的州的董事会数量。

各州的高等教育协调董事会或治理董事会是在不同法律性质下建立的。有些州依据不同的法律性质建立了不止一个协调董事会和治理董事会。通过州宪法建立董事会的有加利福尼亚大学董事会、佐治亚大学系统董事会、明尼苏达大学董事会、密西西比州立大学董事会、纽约州大学董事会、宾夕法尼亚州立大学系统董事会、南达科他州董事会。通过州法规建立董事会的有加利福尼亚州立大学董事会、乔治亚州技术学院系统董事会、缅因州社区学院系统董事会、明尼苏达州立大学董事会、密西西比社区学院董事会、纽约城市大学董事会、纽约州立大学董事会、南达科他州技术教育委员会。通过州政府颁发的特许证建立董事会的有缅因州立大学系统董事会。

2）高等教育董事会的主要职责。美国教育委员会归纳了各种高等教育治理实体的主要职责，它还制定标准化清单以明确高等教育治理实体的常规职责和权限，并将高等教育治理实体主要职责的信息提供给州和系统协调董事会、系统治理董事会及管理或服务机构。在一定程度上，协调董事会、治理董事会、管理或服务机构的类别由其主要职责和权限来界定。治理董事会与协调董事会共享某些类似的职责，但它们也有一些不同的职责。比如，多数董事会负责批准院校使命，在州或系统层面制定战略规划。然而，治理董事会通常要负责招聘校园校长并确定他们的待遇。美国州立大学系统的协调董事会与治理董事会通常拥有以下常规权限和职责：向州教育领导人提供意见和建议；批准或监管州际合同和互惠协议，如学费协议；批准分校使命；制定并管理学术政策、学术计划和学术方案，比如入学、转学；为州立大学系统制定战略规划；制定问责或绩效指标并监管这些指标的落实；参与州立大学系统的政策规划；建议或批准分校的新建、合并或关闭；评审现有的学术计划；审查或批准设施或基本建设计划。

除上述常规职责外，协调董事会承担的职责还有：管理学生资助和贷款（主要是协调董事会附属机构的职责）；认证、批准、授权特殊院校；为州政府、大学系统、院校提供信息和数据服务。治理董事会承担的职责还有：批准或管理债券；聘用校长并确定其待遇；授予学位或证书；确保大学系统和分校的效率；治理大学系统和分校；监督或评价大学系统和分校运行的有效性；推动并支持分校发展；制定教师与人力资源政策。

此外，这些协调董事会或治理董事会还在大学系统或分校预算方面扮演一定角色。通常，治理董事会有权批准预算请求并向州立法机构或其他州政策制定者建议单体预算或合并预算。尽管有些协调董事会拥有预算批准权力，但协调董事会在预算方面通常只拥有审查和建议权力。有时，董事会在预算过程中的作用有限或没有作用。多数协调董事会与治理董事会还评估并批准院校申请的新专业。有些董事会只有评估新专业的权力，或在新专业的审批上只拥有有限的权力。最后，多数董事会有权任命大学系统或分校的领导人。

高等教育管理或服务机构的职责与其他高等教育管理实体一样。各州高等教育管理或服务机构所扮演的角色有所不同，它们发挥着州高等教育管理的一些功能，它们的存在是各州高等教育历史发展的结果。依据美国教育委员会的研究，高等教育管理或服务机构的职责通常涵盖以下内容：向州教育领导人提供咨询和建议；批准或监管州际合同和互惠协议，如学费互惠协议；从事研究与分析；制定管理政策，如入学、转学政策；参与州范围或系统范围的政策规划；认证、批准、授权特殊院校；向州、系统、分校提供信息与数据服务。高等教育管理机构的职责与权限不包括与学杂费设定，资金分配，制定、监管资助公式相关的财务活动。

3）美国州立大学行政人员的任命模式。任命美国州立大学行政人员的权力是州政府高等教育治理的一项重要内容，因为这些行政人员会影响州高等教育的优先事项、政策与方向。一般来说，治理董事会与协调董事会任命多数美国州立大学行政人员，例如，缅因州和北卡罗来纳州系统治理董事会任命美国州立大学的行政人员，而在阿拉巴马州和印第安纳州，州协调董事会拥有此项权力。有几个州（如俄亥俄州和华盛顿哥伦比亚特区）的州长在美国州立大学行政人员的任命、批准、聘用中扮演不同的角色。在其他州，高等教育服务机构的董事会、州教育董事会、教育专员、教育部部长拥有美国州立大学行政人员的任命权。在马萨诸塞州，州协调董事会在州教育厅长的批准下任命美国州立大学行政人员，州教育厅厅长由州长任命。表 2.15 归纳了美国各州州立大学行政人员的任命模式。❶

表 2.15 美国各州州立大学行政人员的任命模式

任命权力来源	州数	董事会或机构数	所属州
机构董事会或机构委员会	2	2	阿拉斯加州、特拉华州
协调董事会	18	19	阿拉巴马州、伊利诺伊州、印第安纳州、肯塔基州、路易斯安那州、密西西比州、密苏里州、内布拉斯加州、俄克拉何马州、俄勒冈州、南卡罗来纳州、南达科他州、田纳西州、得克萨斯州、弗吉尼亚州、威斯康星州、西弗吉尼亚州（2）、怀俄明州
州长批准的协调董事会	1	1	阿肯色州
治理董事会	23	31	阿拉斯加州、亚利桑那州、加利福尼亚州（3）、康涅狄格州、佛罗里达州、乔治亚州（2）、夏威夷州、艾奥瓦州、堪萨斯州、缅因州（2）、明尼苏达州（2）、密西西比州、蒙大拿州、内华达州、新罕布什尔州（2）、纽约州（2）、北卡罗来纳州（2）、北达科他州、宾夕法尼亚州、罗得岛州、南达科他州、佛蒙特州、威斯康星州

❶ FULTON M. An Analysis of State Postsecondary Governance Structures [J]. Policy Guide, 2019: 1-16.

续表

任命权力来源	州数	董事会或机构数	所属州
州长与州议会批准的治理董事会	1	2	犹他州（2）
州长	2	2	新罕布什尔州、宾夕法尼亚州
州长	7	7	科罗拉多州、康涅狄格州、马里兰州、明尼苏达州、新泽西州、新墨西哥州和俄亥俄州
州长	1	1	华盛顿州
州教育董事会或州教育委员会、州教育厅厅长	6	6	华盛顿哥伦比亚特区、佛罗里达州、爱达荷州、艾奥瓦州、马萨诸塞州、纽约州

注：括号里的数字表示拥有不止一个董事会的州的董事会数量。

美国各州高等教育管理和服务机构建立了各种各样的州立大学行政官员任命模式。阿拉斯加州高等教育委员会的执行主任由一个监督该机构的董事会任命。阿拉斯加州立大学董事会任命该系统的执行董事。康涅狄格州高等教育董事会任命该系统的执行董事，而州长任命州高等教育办公室主任。佛罗里达州四年制大学系统的治理委员会任命其执行董事，K－12 教育专员任命佛罗里达州教育厅的佛罗里达州学院董事。艾奥瓦州董事会任命该系统的执行董事，K－12 教育专员任命社区学院董事。马萨诸塞州高等教育董事会在州教育厅长批准后任命其执行董事，州教育厅厅长由州长任命。明尼苏达州治理董事会任命其系统的执行董事，州长任命州高等教育办公室主任。密西西比州、南达科他州和威斯康星州的协调与治理董事会任命其系统执行董事。新罕布什尔州治理董事会任命其系统执行董事。在征求 K－12 教育专员、州教育董事会、高等教育委员会的意见后，由州长任命高等教育办公室主任。纽约州的两个治理董事会任命其系统执行董事，州长任命州教育厅高等教育办公室主任。宾夕法尼亚州立大学系统董事会任命其系统执行董事，州长任命州教育厅高等教育办公室主任。在任命、保留或解雇高等教育执行官员时，罗得岛州州长是高等教育委员会的额外投票成员。

4）协调董事会与治理董事会成员的遴选程序。多数州院校系统的协调董事会与治理董事会的成员是任命的。州长掌握着多数董事会董事的任命权，尽管立法人员和专业协会对一些董事会董事负有这方面责任。在多数州，有几个董事是依其专业而定的董事会当然成员，比如高等教育领导人、州 K－12 教育主管及非教育机构负责人。此外，学生在许多董事会任职，由州长从一些提名者中任命，或由学生组织选举出来。教师也可在董事会任职，通常由其所在的专业协会选出。州政策可能会要求董事会成员来自国会选区、实业界，或州长基于种族、性别方面的考虑来任命。

协调董事会和治理董事会通常负责设定州、大学系统、分校的总体愿景。根据他们的职权范围，董事会成员能够影响大学系统和分校的相关决策，如大学系统和分校的领导人选、绩效目标、学术计划、教师政策、预算、财务及其他重要问题。美国教育委员会审视了 60 多个州高等教育系统治理董事会与协调董事会后发现了董事会成员遴选的以下模式。内华达州董事会是单一性的州治理董事会，董事会成员由选民普选而出。华盛顿州的学生成就委员会是公立高等教育的协调董事会，9 名成员中有 8 名由指定的早教机构、K－12 教育机构、高等教育机构任命，委员会包括一名学生委员。最常见的是由州长任命董事会成员，或州长与立法人员共同任命。由州长任命的重要董事会成员通常要由州参议院或两院确认。明尼苏达大学、北卡罗来纳大学董事会所有成员均由州立法机构选出，同时，立法机构还可任命至少 5 所其他高校董事会的一些成员。

虽然美国州政府的州立大学治理可以划分为几种基本模式，但没有两个州会拥有相同的基本结构。这些多变性和复杂性可能对理解各个州的治理结构和进行跨州比较构成挑战。然而，教育治理是影响州政策制定过程中如何决策及谁决策的核心之一。因此，州高等教育政策领导人因增加了他们对本州高等教育治理体系的了解而受益匪浅，他们提出了以下问题：高等教育治理的权责划分是否支持决策者追求州教育目标的努力，州高等教育治理体系中有哪些资产能够有助于促进重要的政策决策，是否存在妨碍决策的因素，高等教育治理体系中是否有一种力量能够强化州领导人实现州目标的努力，州政府和教育部门领导人如何在其治理体系中携手制定政策以提升学生学习成果，等等。

2.2.2　基于州政府控制的美国州立大学治理模式

麦克吉尼斯（McGuinness）还从州政府控制的角度考察了美国州立大学治理模式。他基于表 2.16 所示 4 种不同的院校法律地位将州政府的院校控制模式概括为 3 种。❶

表 2.16　基于州政府控制的美国州立大学治理模式

控制强度	院校类型	法律地位
最高	作为州行政机构的院校	高等院校被作为与交通运输部门相类似的机构来对待
次高	州控制的院校	认识到高等教育与其他机构的不同，但是大多数其他机构的预算和财政政策仍然运用到高等教育中
次低	州拨款院校	高等院校根据它们的实质性自治权从州政府获得合法地位，州提供基础的、无条件的资金补助，但同时有一定量的非州政府提供的资金（如学费、私人捐赠等）
最低	院校管理的法人团体	院校有合法地位（如公共法人）及相应的实质性自治权。州资金补助量更不确定，可能不拨付给院校而采取教育券或拨付给学生以补偿学费的形式

1）从州政府的过程控制上看，不同院校享有不同的独立性。例如，加州大学是按照州宪法框架建立的，享有更高的独立性，不受州政府程序性的控制。加州州立大学是在州法律条文下建立的，其享有的独立性没有加州大学高。加州社区学院被州法令和规章政策所左右，因此，被看作是“州控制下的”机构。

2）所有公立大学都是以公共法人身份建立的，但在特殊领域受制于州的严格监督，如资金结构和人事资源等方面受制于州具体的程序性控制。北达科他州和肯塔基州就是这种典型的控制模式。威斯康星大学系统是按照公共法人的形式组建的，但其所有资金项目受州政府的监督，其各类非专业人事安排须服从州公民服务系统的规定。

---

❶ ALTBACH P G, BERDAHL R O, GUMPORT P J. American Higher Education in the Twenty – First Century [M]. Baltimore: The Johns Hopkins University Press, 2005: 212 – 213.

3）大多数公立院校是按照公共法人身份建立的，但部分特殊院校被赋予更多的独立性，以免于州政府的程序性控制。这是州政府推行分权治理、多渠道筹款的结果。例如，马里兰大学系统被赋予一定程度的独立性，而马里兰圣玛丽学院则被授予更多的自治权，以满足其完成问责制所需。科罗拉多州的院校通过与州政府签订“合同”获得了更多的自治权。

2.2.3 基于权力集中和分散的美国州政府州立大学治理模式

麦克丹尼（McDaniel）的研究表明，美国州政府的影响范围是广泛的，从分权到集权主导，各州政府对于什么应该由政府控制，什么应该留给州立大学都有明确的说法。在有些州，美国州政府对于州立大学具有直接的权力，而在另一些州，美国州政府主要关注州立大学的财务控制。美国州政府的州立大学治理，既有完全的分权治理，也有完全的由州政府控制的情况。在所有州，美国州政府控制最少的领域是州立大学的人力资源政策。麦克丹尼基于权力集散的视角将美国州政府的州立大学治理模式粗略地归纳为分权、分权主导、中间状态、集权主导4种情况，具体情况见表2.17。[1]

表2.17 基于权力集中和分散的美国州政府州立大学治理模式

分权模式的州	分权主导模式的州	中间模式的州	集权主导模式的州
密歇根州	弗吉尼亚州	康涅狄格州	路易斯安那州
缅因州	马里兰州	俄勒冈州	内华达州
宾夕法尼亚州	亚利桑那州	西弗吉尼亚州	密西西比州
特拉华州	南卡罗来纳州	堪萨斯州	
新墨西哥州	得克萨斯州	科罗拉多州	
波多黎各州	肯塔基州	佛罗里达州	
阿拉巴马州	威斯康星州	阿肯色州	
密苏里州	阿拉斯加州	明尼苏达州	
加利福尼亚州	北卡罗来纳州	爱达荷州	
南达科他州	纽约州		
夏威夷州	俄亥俄州		
印第安纳州	北达科他州		
华盛顿州	俄克拉何马州		

[1] MCDANIEL O F. The Paradigms of Governance in Higher Education Systems [J]. Higher Education Policy, 1996, 9 (2): 137－158.

2.2.4　基于管理机制的美国州立大学治理模式

博文（Bowen）和布拉科（Bracco）根据管理的系统与机制，将各州州立大学治理模式划分为 4 种类型：联邦型治理模式、统一型治理模式、同盟型治理模式和同盟型院校治理模式。[1] 具体情况见表 2. 18。

表 2. 18　基于管理机制的美国州立大学治理模式、代表州及其基本特征

治理模式	代表州	基本特征
联邦型治理模式	伊利诺伊州 得克萨斯州	州级管理机构既非政府部门，亦非高等教育机构所属，而是两者的中介，无直接管辖权。院校（系统）拥有自身的独立董事会
统一型治理模式	乔治亚州	州设有统一的管理机构，负责管辖州内所有授予学位的院校
同盟型治理模式	加利福尼亚州 佛罗里达州	州设有规划或协调机构，依法拥有信息管理、预算审核、规划制定等咨询和顾问权限，但院校管理权仍归属于院校（系统）的董事会
同盟型院校治理模式	密歇根州	院校管理权由院校（系统）董事会行使，缺乏州级协调机构

2.2.5　基于机构设置的美国州立大学治理模式

1999 年，理查森（Richardson）等人进一步将美国州政府的州立大学治理模式概括为 3 类：分割式、联合式和联邦式。[2] 在有些州，仅设一种州高教治理机构，在另一些州，可能有两类或三类机构并存，各自发挥不同功能。

在分割式治理模式中，有多个州级高等教育治理董事会并存，分别负责不同类型高校的治理。州政府中不存在统一管理全州高等教育事务的机构，但也可能存在一些州级协调机构负责协调不同类型高校之间、高校与政府之间的关

---

[1] BOWEN F M, et al. State Structures for the Governance of Higher Education: A Comparative Study [R]. San Jose: The California Higher Education Policy Center, 1997: 1 - 7.

[2] RICHARDSON R C, BRACCO J KR, CALLAN P M, FINNEY J E. Designing State Higher Education Systems for a New Century [M]. Phoenix: American Council on Education and The Oryx Press, 1999: 184.

系。州政府只决定每年每所高校的州政府拨款数额。每个治理董事会及其行政官员代表其所管辖的高校利益，直接参与州政府的预算决策过程。加利福尼亚州是采取分割式治理模式的代表，州政府在高等教育系统中扮演资金提供者和管理协调者的角色。加州中等后教育委员会和加州教育圆桌会议是州高等教育协调机构，为各高校的信息资料收集、招生及转学工作提供指导与协调服务。

在联合式治理模式中，州政府仅设置一个州级高等教育治理董事会负责治理全州高等教育事务，并代表高校与州政府进行交涉。联合式治理模式强调各高校之间的相互依存、相互合作，强调统一原则，强调交流、沟通及评估的一致性。乔治亚州高等教育系统采取联合式治理模式，全州高等教育机构由一个统一的治理董事会负责管理，州宪法赋予该董事会极高的自治权。联合式的高等教育系统受州长的直接监控，州长通过人事任命、预算程序等方式影响高等教育。因为大学系统享有州宪法赋予的自治权，州政府在高等教育中仅仅扮演着资源提供者角色。

在联邦式治理模式中，仅设置一个州级协调董事会负责全州高等教育信息的收集和传递、预算咨询、高等教育规划、学生转学等事务。在某些方面，联邦式治理模式类似于联合式治理模式，强调相互依存和合作，强调统一原则和方法，同时又强调系统内每一所高校自身的权力和特点，把内外治理的责任明确分开。外部治理的责任如调适高等教育投入、评估高校业绩、监督高校兑现使命等由州级协调董事会来统一协调和管理；战略方向、管理责任、学校宣传等内部事务则由高校或高校系统治理董事会负责。得克萨斯州高等教育系统采取联邦式治理模式。州政府在州高等教育中扮演调节者的角色。州高等教育领导权主要掌握在州议会和副州长手中。州高等教育协调董事会是州高等教育治理机构，在州政府和高等教育之间发挥协调功能，以平衡高等教育系统内部的矛盾和纠纷。在高等教育治理中，得克萨斯州强调地方管理和自我决策，在立法机关和协调董事会之间创造了持久、动态的相互关系，使州政府能够不断地通过协商、谈判的方式来平衡市场压力与高校自治权之间的矛盾与关系。

2.2.6 基于管理委员会分类的美国州立大学治理模式

克尔（Kerr）和盖德（Gade）将州政府的高等教育治理模式分为 3 类：

综合治理模式、分割式治理模式、校级委员会治理模式。[1] 在综合治理模式下，一个委员会负责管理所有公立两年制院校和四年制院校，或者一个委员会负责四年制院校，一个委员会负责两年制院校。在分割式治理模式下，由不同的委员会管理研究型大学、综合高等院校、社区学院等各类型的院校，有时还单独设立中等后技术院校和成人教育委员会等。在校级委员会治理模式下，对于不从属于某个统一的管理委员会或多校园系统的单个院校，其管理委员会拥有完全的"自治"权威。

在美国，有23个州及华盛顿哥伦比亚特区属于综合治理模式。这些州在一两个全州治理委员会领导下将整个州的高等教育组织起来，但这些州没有建立协调机构对大学政策或预算支配权在管理委员会和州政府之间进行协调。其中，9个州将所有公立高等教育组织在一个治理委员会之下，其他14个州设有两个委员会，一个是大学治理委员会，另一个是社区学院和技术学院治理委员会或协调委员会。

在设有协调委员会的州中，有22个州有常规的协调委员会，拥有学术计划的批准权。其中15个委员会有重大预算支配权，6个委员会有有限预算支配权，1个委员会在预算编制过程中不起任何作用。拥有综合治理委员会的阿拉斯加州还有一个咨询委员会，拥有一定的预算审核和预算建议权。特拉华州、宾夕法尼亚州、密歇根州3个州有规划和服务性机构，但在院校治理委员会和州政府之间不存在任何其他委员会。明尼苏达州、新罕布什州、俄勒冈州3个州及华盛顿哥伦比亚特区在其治理委员会和州政府之间设有一个规划或服务机构，这些机构拥有学生资助管理、院校审批和授权等功能。在佛蒙特州，高等教育理事会是一个非法定的志愿规划组织。佛罗里达州、爱达荷州、密歇根州、纽约州和宾夕法尼亚州5个州有州委员会，对各级教育机构具有法定权力。然而，这些委员会在高等教育方面拥有的权力千差万别，只有在爱达荷州和纽约州，州委员会才确实拥有对高等教育重大项目和预算资金的支配权。

有些州将综合治理模式、校级委员会治理模式相结合。例如，在北卡罗来纳州和犹他州，校级委员会拥有上级委员会授予的权力，享有一定的自主性。纽约州立大学、缅因大学系统和马里兰大学系统拥有咨询性校级委员会。

---

[1] ALTBACH P G, BERDAHL R O, GUMPORT P J. American Higher Education in the Twenty - First Century [M]. Baltimore: The Johns Hopkins University Press, 2005: 209 - 211.

2.2.7 基于州教育厅厅长产生方式的州立大学治理模式

2011 年，富尔顿（Fulton）在杰巴兹（Ziebarth）研究的基础上，着眼于州教育厅厅长的产生方式，对美国州政府的州立大学治理模式作出了进一步的更新与补充，❶ 具体情况见表 2.19。

表 2.19 基于州教育厅厅长产生方式的美国州政府州立大学治理模式

方式	州
州长任命教育委员会成员，教育委员会任命教育厅厅长	阿拉斯加州、阿肯色州、康涅狄格州、佛罗里达州、伊利诺伊州、肯塔基州、马里兰州、马萨诸塞州、密苏里州、罗得岛州、佛蒙特州、西弗吉尼亚州
选民选出教育委员会成员，教育委员会任命教育厅厅长	亚拉巴马州、科罗拉多州、夏威夷州、堪萨斯州、密歇根州、内布拉斯加州、内华达州、犹他州
州长任命教育委员会成员，选民选出教育厅厅长	亚利桑那州、加利福尼亚州、佐治亚州、爱达荷州、印第安纳州、蒙大拿州、北卡罗来纳州、北达科他州、俄克拉何马州、俄勒冈州、怀俄明州
州长任命教育委员会成员和教育厅厅长	特拉华州、艾奥瓦州、缅因州、新罕布什尔州、新泽西州、宾夕法尼亚州、南达科他州、田纳西州、弗吉尼亚州

2.3 美国州政府州立大学治理模式的总结与展望

在 19 世纪，为了免除爱管闲事的政客对美国州立大学的管控，包括密歇根州、加利福尼亚州和明尼苏达州在内的一些州授予本州旗舰州立大学具有宪法赋予的自治权。在大多数州，即使那些不为州立大学自治提供宪法保护的州，州政府对境内州立大学的干预也不多。大多数州政府只是有限地干预州立大学事务。

然而，在整个 19 世纪后期和 20 世纪早期，美国州政府通过在全州范围内或系统范围内建立治理董事会，并通过制定适用于高等教育的法律和规范，甚至在

❶ FULTON M. State Education Governance Models [R]. Denver: Education Commission of the States, 2011: 2-3.

有些情况下还通过免除州立大学的法定自治权向州立大学谋求更多的权力。

美国州政府试图控制州立大学的趋势经历了 20 世纪绝大多数时间，直到 20 世纪 80—90 年代，各州高等教育治理进行了多样化的改革，呈现出几种不同的改革动态，这些不同的改革动态既包括增强对州立大学的干预，也包括赋予州立大学更多的独立地位和自治权。然而，在 20 世纪 80 年代，各州高等教育治理改革主要是解除州政府的程序性控制。21 世纪以来，这些程序性控制已经渗透到大学功能的本质领域。例如，州政府试图在州立大学的发展规划上拥有更多的权力。有时候甚至涉及整个治理系统或协调系统的调整。但正如麦克伦敦（Mclendon）所指出的，不论每个州实施什么性质的高等教育改革，绝大多数州立大学的发展规划主张提高效率、促进竞争或协调以及降低成本。❶

21 世纪初，有些州通过强化州政府权力来提升高等教育的质量与效率，而其他一些州则试图通过向各个学校或系统委员会下放权力取得同样的目标。2002 年 11 月，佛罗里达州的宪法修正案解除了州教育委员会对大学治理的责任，而增加了州长委员会对大学治理的责任。州教育委员会继续负责协调社区学院。❷ 佛罗里达州州长与立法机构还批准了一项旨在改变其公立大学治理的计划，❸ 该计划以单个校园的独立董事会取代全州公立大学系统董事会。在佛罗里达州，公立大学的所有董事会成员由州长任命。进入 21 世纪之后，美国州政府的高等教育治理角色已经发生了显著的变化。❹ 具体情况见表 2.20。

表 2.20　美国州政府高等教育治理角色的变化

21 世纪之前	21 世纪
关注高等院校，作为高等院校的所有者和操作者，州政府的服务是实现公共目标的主要手段	关注学生、劳动力市场和政府，利用多元化高等教育供给者的能力来服务公共目标
财政政策关注院校补助和院校资金的充裕	财政政策的设计是为了代表公众进入市场和引导竞争性力量共同致力于公共目标
关注院校表现	关注的是公共优先事项，即高等教育对州人口素质和经济竞争力的影响

---

❶ EHRENBERG R G. Governing Academia [M]. New York: Cornell University Press, 2004: 52.

❷ ALTBACH P G, BERDAHL R O, GUMPORT P J. American Higher Education in the Twenty – First Century [M]. Baltimore: The Johns Hopkins University Press, 2005: 212.

❸ EHRENBERG R G. Governing Academia [M]. New York: Cornell University Press, 2004: 1 – 2.

❹ ALTBACH P G, BERDAHL R O, GUMPORT P J. American Higher Education in the Twenty – First Century [M]. Baltimore: The Johns Hopkins University Press, 2005: 219.

2.3.1 美国州政府州立大学治理模式的总结

纵观美国州政府千变万化的高等教育治理模式不难发现，在美国，高等院校通常从州政府那里获得了实质性的自治权，但同时又必须遵守州政府的调控或程序性要求。在我国，省属院校治理的关键不是高等院校一味地要求得到更多的自治权，而是能否使省级政府与高校之间的关系更具建设性。同时，在统一的宏观治理下，微观治理，尤其是高等学校的内部治理应该追求灵活性和多样性，体现各高校自身的办学历史与特色。

研究表明，尽管存在一些行为不当的例子，美国州政府一般情况下都能尊重学术自由与院校自治。高等院校在课程内容、评价方法、研究行为、教师任命、观点与意见的自由表达等方面享有最基本的自由，不受政府干涉。高等院校在强调学术自由与院校自治的同时，也须接受政府在高等教育系统实施影响的法定权限。全世界没有哪一个国家不对其大学实施某种控制。问题的关键不是政府是否应该对大学实施控制，而是政府应该实施多少控制，在哪些方面实施控制。[1]

虽然本章从宏观上对美国州政府的州立大学治理模式进行较为粗略的归纳与梳理，但实际上，美国各州的州立大学治理模式极其复杂与多样。有的州设有两个治理委员会，有的州治理委员会与协调委员会并存，有的州在治理委员会之下设置协调委员会，有的州在州协调委员会之下设置治理委员会，有的州在协调委员会之下设一个治理委员会和一个协调委员会，有的州在协调委员会之下设两个治理委员会和一个协调委员会，还有的州既设有规划机构，也设有治理和协调委员会。[2]

由此可见，美国州政府州立大学治理模式具有复杂性与多样性。可以说，美国各州州立大学治理的组织设计复杂多样，难以简单地分类。本章对美国州政府州立大学治理模式的分类主要从功能、机制、组织、行政管理、统筹管理等方面展开。显然，这些治理模式难以囊括美国州政府州立大学治理的所有情况。除了本章所涉及的维度之外，还有其他的一些分类方式。本章只是从以上

---

[1] MCDANIEL O F. The Paradigms of Governance in Higher Education Systems [J]. Higher Education Policy, 1996, 9 (2): 140.

[2] MCGUINESS A C. Models of Postsecondary Education Coordination and Governance in the States [R]. Denver: ESC, 2003: 1 - 19.

维度对美国州政府州立大学治理模式进行了非全景式的讨论，呈现了美国州政府州立大学治理模式的多样性与复杂性。

下文主要从州高等教育管理机构的 6 项职能和州高等教育管理机构的权力变革进行详细总结。有关州高等教育管理机构 6 项职能的总结见表 2.21，[1] 有关州高等教育管理机构权力变革的总结见表 2.22。[2]

表 2.21　州高等教育管理机构 6 项职能各阶段变革总结

高等教育职能	各阶段变革					
	19 世纪晚期至“二战”结束	“二战”结束至 1972 年	1972 年至 20 世纪 80 年代中期	20 世纪 80 年代中期至 90 年代中期	20 世纪 90 年代中期至 2008 年	2008 年以后
州层面的规划	无	公立院校扩容总体规划，包括院校、专业和设施。少数管理机构涵盖了独立院校的规划	新的重点放在高等教育的总体规划，包括公立院校、私立非营利院校、营利性院校，以体现 1972 年颁布的《教育法修正案》的规定，也就是在入学率下降和资源紧张的时期，保持入学机会、教育质量和院校多样性及效率	一些州管理机构的集中规划权力削弱，从公立院校与大学系统的总体规划和静态规划转向将高等教育与州优先事项联系起来的战略规划；在更加分权和解除监管的体系中实施基于高等教育市场的动态规划。州长在建立州优先事项方面开始发挥更积极的作用，注重高等教育对劳动力需求的贡献及与州经济发展相关的研发	更加重视制定战略规划（公共议程）和州长期目标，以提高州居民的教育水平，包括以下目标：缩小州优势群体与劣势群体在教育机会、学业完成方面的差距；维持高等教育费用的可承受性；将高等教育与州未来的经济竞争力联系起来；许多州，包括那些拥有两个或两个以上公立高等教育治理系统的州没有机会制定和持续关注整个高等教育系统的长期公共议程	继续强调制定战略规划（公共议程）和长期的州目标，以提高卢米纳基金会倡导的州居民的教育程度，并在“完成高等教育的美国”倡议的鼓励下，重新强调提升学业完成率；州执行长期目标和公共议程的能力减弱，因为州减少了现有高等教育机构的工作人员，有些情况下，州高等教育治理机构在经济危机中被淘汰；与前一时期一样，许多州没有制定和持续关注整个高等教育系统的长期公共议程

---

[1] MCGUINESS A C. State Policy Leadership for the Future: History of State Coordination and Governance and Alternatives for the Future [R]. Education Commission of the States, 2016: 1-54.

[2] 同[1]。

续表

高等教育职能	各阶段变革					
	19 世纪晚期至“二战”结束	“二战”结束至 1972 年	1972 年至 20 世纪 80 年代中期	20 世纪 80 年代中期至 90 年代中期	20 世纪 90 年代中期至 2008 年	2008 年以后
州财政预算、拨款与资源分配	治理董事会工作人员制定统一的预算请求，州立法机构直接向董事会拨款。无中介预算机构	制定定量分析和资助公式，确保资源合理配置，排除政治影响。资助公式强调成本补偿，反映院校使命的差异、院校工作量及与规模扩大有关的成本	调整资源分配方法，为资金削减创造理由，并为有效利用现有资源提供奖励（如边际成本公式）	从州补贴公立院校到有选择地进行州投资，以满足州优先事项的转变。通过基础加资助维持现有办学规模的财政政策，利用激励性、竞争性资金奖励响应州优先事项的院校，少数州建立并随后放弃的绩效资助	放松财政管制，将财政政策与州公共议程挂钩，实施基础加或基础减资助，新一轮绩效资助变为成果导向资助。试图使州拨款、学费政策与学生资助政策一致	持续扩张的成果导向资助被基础减资助抑制，再加上公众对高等教育费用可承受性的担忧，导致了各种价格控制策略。在州政府对州立大学某些财政政策放松管制的情况下，州立大学抵制州政府对学费控制的重新集权。经济危机中的州预算与州公共议程改革脱节
高等教育数据使用	仅限于预算过程中涉及的院校收支、学生、人力资源与设施等数据	开发州级招生、专业、人力资源与设施等数据信息系统，开发院校管理的分析工具，评估办学规模扩张的成本收益替代方案	新的重点是分析院校成本、师生比和专业的生产力（学位授予）	新的重点是学生学习成果的数据分析和学生学习评估	利用高等教育数据监控州高等教育目标的进展情况，并使院校对州公共议程的执行负责。更加重视纵向学生数据系统，以便能够分析和监测学生通过教育获得学位、证书及进入劳动力市场的进展情况	利用高等教育数据监测州高等教育目标的进展情况，督促院校对州公共议程负责，并重点强调学业完成率。更加重视纵向学生数据系统，以便能够分析和监测学生通过教育获得学位或证书及进入劳动力市场的进展情况

续表

高等教育职能	各阶段变革					
	19 世纪晚期至“二战”结束	“二战”结束至 1972 年	1972 年至 20 世纪 80 年代中期	20 世纪 80 年代中期至 90 年代中期	20 世纪 90 年代中期至 2008 年	2008 年以后
规章制度	无	聚焦合理扩张，遏制公立院校不必要的扩张，管理新专业、大学系统、分校，确保公立研究型大学、教学型院校和社区学院之间的使命差异	加强州对新专业、大学系统和分校的监管，确保院校使命的差异化。新的重点是州对不必要的专业重复设置和低效率专业的审查，包括在某些情况下州撤销专业的权力。州授权对专业进行外部审查	州政府试图根据对学生学习的评估来强制规定院校责任，但后来基本上都放弃了。放松对采购、资本投资和人力资源开发等领域的州程序性监管控制。取消之前颁布的关于批准新旧专业及审查和批准院校使命变化的州规定	在采购、投资和人力资源开发等领域继续放松州程序性管制。随着各州在经济危机中削减对州立院校的资助，州批准新旧专业及审查和批准院校使命变化的权力继续弱化	在采购、资本投资和人力资源开发等领域继续放松州程序性管制。随着各州在经济危机中削减对州立院校的资助，州批准新旧专业及审查和批准院校使命变化的权力继续弱化
管理、服务机构职能	无	州学生资助项目管理，州规划与联邦项目（如设施）管理，许可、授权院校享受联邦学生资助资格	修改州政府的权力以符合新的联邦要求。加强州学生资助项目管理、州规划（1202 委员会）和联邦项目管理。加强州许可、授权以使更多的院校有资格获得联邦学生资助项目	继续加强州许可、授权以使更多的院校有资格获得联邦学生资助项目。继续负责管理州学生资助和其他项目	继续加强州许可、授权以使更多的院校有资格获得联邦学生资助项目。通过州授权互惠协议加强对跨州提供的远程教育课程的监管。继续负责管理州学生资助和其他项目	继续加强州许可、授权以使更多的院校有资格获得联邦学生资助项目。继续负责管理州学生资助和其他项目

续表

高等教育职能	各阶段变革					
	19 世纪晚期至“二战”结束	“二战”结束至 1972 年	1972 年至 20 世纪 80 年代中期	20 世纪 80 年代中期至 90 年代中期	20 世纪 90 年代中期至 2008 年	2008 年以后
系统与院校治理	为数不多的治理董事会是各公立院校的董事会，而不是公立院校系统的董事会	治理系统扩张形成了多校园大学系统和统一的治理董事会。多数公立院校学生就读于公立院校系统	面对潜在的资金缩减，各州强化治理系统的权力以管理高等教育成本和高等教育规划	大学系统的角色和集中治理受到质疑，部分大学系统遭到废除，新的重点强调系统内的权力下放，如将一些权力下放给校园董事会	大学系统继续把重点放在内部管理上，而不是使大学系统的优先事项与州政府的长期目标保持一致	大学系统权力下放和大学系统领导能力下降，在建立新的大学治理系统取代州协调董事会时重新集权。在面临严峻的经济困境时，个别州重新设计大学系统在引导变革方面的角色以实现州政府和大学系统的目标

表 2.22　州高等教育管理机构的权力变革总结

权力	董事会类型						
	协调所有高等教育机构的协调董事会			管理所有公立院校的系统治理董事会	两个或两个以上系统治理董事会与院校治理董事会	每一个公立院校拥有独立的董事会	高等教育管理、服务机构（学生资助、私立院校许可、数据管理）
州层面规划	有州层面规划	有州层面规划	有州层面规划	有州层面规划	没有州管理机构负责全州高等教育规划或公共议程，只有单个系统或院校的规划	只有每一所院校的规划	没有全州范围的规划

续表

预算	所有公立院校统一预算①	审核与建议所有公立院校的预算①	董事会只扮演有限的预算角色	针对公立院校编制统一预算	董事会扮演的预算角色只适用于大学系统和每一个系统董事会管辖的公立院校	董事会扮演的预算角色只适用于每一所院校	没有全州范围的预算
对应州或地区	亚拉巴马州、阿肯色州②、科罗拉多州②、伊利诺伊州、印第安纳州、肯塔基州、路易斯安那州、马萨诸塞州③②、马里兰州、密苏里州、新墨西哥州④②、俄亥俄州②、俄克拉何马州、南卡罗来纳州、田纳西州、西弗吉尼亚州	内布拉斯加州、俄勒冈州⑤、得克萨斯州、弗吉尼亚州	华盛顿州⑥②	阿拉斯加州、夏威夷州、爱达荷州⑦、堪萨斯州⑧、蒙大拿州⑨、内华达州、北达科他州、罗得岛州⑦、南达科他州、犹他州、华盛顿州哥伦比亚特区、波多黎各地区	亚利桑那州、加利福尼亚州⑩⑪、康涅狄格州⑫、特拉华州、佛罗里达州⑦⑩⑬、佐治亚州⑮、艾奥瓦州⑩、缅因州⑭⑮、明尼苏达州、密西西比州、新罕布什尔州⑮、新泽西州、纽约州、北卡罗来纳州⑮、宾夕法尼亚州、佛蒙特州⑯、威斯康星州⑮、怀俄明州⑩	密歇根州⑰	阿拉斯加州、亚利桑那州、加利福尼亚州、康涅狄格州、特拉华、佛罗里达⑦⑩、艾奥瓦州、明尼苏达州②、新罕布什尔州、新泽西州⑱②、纽约州⑦、宾夕法尼亚州⑦②、威斯康星州、华盛顿哥伦比亚特区、波多黎各地区
数量	16	4	1	10+2	18	1	14+2

注：① 协调董事会通常制定州拨款的分配公式并对整个系统的资助提出建议，但不对个别院校的预算提出建议。

② 州长在任命州高等教育行政办公室执行干事方面发挥直接作用。

③ 马萨诸塞州高等教育委员会是所有公立院校的协调委员会。该委员会还负责马萨诸塞州立大学和社区学院的治理，但不包括马萨诸塞大学。每个州立大学和社区学院都有一个治理董事会在州高等教育委员会的总体权力范围内行使职能。

④ 新墨西哥州的高等教育治理机构是一个由州高等教育部部长领导的部门。该部门有权在提交给财政和行

政部门之前审查、调整和批准公立大学预算，它还有审查和研究学术项目或院校其他决策的权力。

⑤ 2011 年 6 月，俄勒冈州建立了新的俄勒冈州高等教育协调委员会负责规划和协调整个高等教育，包括社区学院和俄勒冈大学系统。新的治理机构有权批准院校使命的变更，但无权批准特定学术项目。2013 年，州立法机构颁布了加强高等教育协调委员会的法律，将社区学院的治理责任移交给该委员会，授权先前隶属于高等教育委员会的公立大学设立自己的治理董事会（2014 年 7 月 1 日设立了 3 个治理董事会，其余的治理董事会于 2015 年 7 月设立）。

⑥ 华盛顿州成就委员会对财政政策和预算提出总体建议，但不对院校预算进行审查并提出建议。

⑦ 各州有一个委员会负责协调各级教育。纽约州和宾夕法尼亚州的高等教育委员会对公立院校的协调权有限，也不具治理权。爱达荷州教育委员会拥有公立院校的治理权，并有权协调地方治理的社区学院。罗得岛州教育委员会负责规划和协调 P－20（学前教育到研究生教育）系统，但不负责治理公立院校。俄勒冈州教育投资委员会拥有各级教育的战略规划和协调权。佛罗里达州教育委员会负责该州教育系统的政策指导和协调。2002 年 11 月通过的《佛罗里达州宪法修正案》设立了大学理事会。佛罗里达州州教育委员会全面负责所有教育的政策协调。

⑧ 堪萨斯州高等教育委员会是一个针对大学的统一的治理董事会，以及针对地方治理的社区学院及沃什伯恩大学的协调董事会。

⑨ 蒙大拿州高等教育董事会是州立大学的治理机构，也是 3 所地方治理的社区学院的协调机构。

⑩ 针对地方治理的社区学院和技术学院，有一个州董事会为全州的协调、管理机构。

⑪ 自 2011 年 7 月 1 日起，前协调董事会康涅狄格州理事会被取消。新的高等教育董事会是社区学院、技术学院、州立大学和特许州立学院的治理机构。康涅狄格大学保留自己的治理董事会。高等教育办公室是高等教育服务机构，负责学生资助和管理职能。

⑫ 州董事会是全州社区学院和技术学院的治理董事会。

⑬ 佛罗里达州高等教育协调委员会于 2013 年根据法规成立，旨在确定州高等教育规划中未实现的目标，并推动有关创建新学位项目以及建立新院校、分校园或研究中心等争议问题的解决。协调委员会为州立法机构、州教育委员会和董事会的咨询委员会。协调委员会包括教育专员、各主要部门（董事会、社区学院和独立院校）的代表及两名由州立法领导人任命的企业代表。佛罗里达州教育委员会通过一名社区学院校长协调地方治理的社区学院。

⑭ 缅因海事学院是唯一一个在系统外拥有自己的治理董事会的公立学院。

⑮ 其中一个董事会是全州社区学院和技术学院治理董事会。

⑯ 佛蒙特州没有法定规划、协调实体。佛蒙特州高等教育委员会是自发成立的。

⑰ 密歇根州教育委员会拥有对该州教育系统进行总体规划和协调的宪法权力，但由于州立大学的宪法自治和社区学院的地方治理，州教育委员会没有作为全州高等教育协调机构发挥作用。

⑱ 2011 年 6 月，州长的重组计划取消了新泽西州高等教育委员会，并将其权力和职责移交给由州长任命并经参议院确认的州高等教育部部长。州高等教育部是部长和州长的咨询机构。

2.3.2 美国州政府州立大学治理模式的展望

2005 年，美国高等教育管理中心的政策简报仍然有其现实意义。未来，各州需要一个高等教育管理机构负责制定长期战略，以提高各州居民的教育水平。然而，一个管理机构负责州高等教育行政办公室 6 项职能的概念不再可行或可取。未来的州高等教育行政办公室不是一个单一的机构，而是由以下 4 个不同部分组成：州高等教育政策制定部门（负责州高等教育规划及规划与财政政策之间的联系）；州高等教育协调部门（为高等教育规划和财务政策提供人力资源支持，维护高等教育数据库并将数据转换为指导决策的信息，管理院校使命）；州高等教育服务机构（如学生资助和非州立高等教育提供者的监管和许可）；州立大学系统与分校。

1. 州高等教育政策制定部门

州政策制定的关键是执行州政策制定程序，以便围绕州法规制定的高等教育长期目标形成共识，并将州财政政策与州高等教育长期目标联系起来。这种政策制定程序应该是一项法定程序，而不一定需要实体机构。事实上，专注于创建实体机构而不能确保政策制定程序的执行是政策制定的主要障碍。州高等教育政策制定需要一个定期而非持续性的实体机构，如蓝丝带委员会或北达科他州高等教育圆桌会议等实体机构。州高等教育政策制定针对确定的定期任务进行，但不涉及建立一个具有持续监督、协调、管理或治理职责的实体机构，这些职责类似于州协调董事会或治理董事会的职责。

在高等教育政策制定过程中，重要的是明确界定政策制定的预期成果，执行什么政策，在州预算、拨款计划中的什么时间制定政策，谁将参与，谁将负责启动这一政策制定程序，谁将负责报告政策制定进展情况，政策目标多久更新一次，政策制定流程如何配备人员。例如，在设有协调委员会的州，协调委员会可以为政策制定提供人力资源支持。高等教育政策应遵循州法规的相关规定，以确保高等教育政策能够在州政治领导层更迭期间持续实施。

近年来，各州高等教育政策制定在以下 4 个方面进行了改革：第一，州政府制定了高等教育长期（10～15 年）目标和长期战略规划。州法规应要求州立法机关将高等教育长期目标作为州政策颁布，且作为州预算和拨款过程的框架。州法规还应要求定期（如每 10 年）更新战略规划，对实现规划目标的进展情况进行年度和五年审查，以确保后继决策者继续致力于实现规划目标。第二，州政府的财政政策应考虑州拨款、学费和学生资助情况。州政府制定财政政策的目的是为年度预算过程提供无约束力的指导。第三，高等教育政策的实施应使州朝着高等教育长期目标前进。第四，州高等教育管理机构应提供关于州高等教育规划目标进展的年度报告。

州高等教育政策的制定应该在州长财政预算编制开始之前启动，最好与州长的预算编制过程同步，根据州长的预算编制情况制定州高等教育政策。

州高等教育管理机构应该充分吸收各利益相关者参与州高等教育政策制定，这些利益相关者应包括来自行政部门的州长、州预算负责人、负责经济发展和劳动力战略的州官员；来自州立法部门的立法官员及参众两院多数派和少数派代表（特别是参众两院拨款和高等教育委员会的主席和高级成员）；来自高等教育领导层的州高等教育委员会主席、州协调委员会执行官员、大学系统首席执行负责人和院校高管。如果独立院校是实现州高等教育目标的一个关键因素，那么独立院校也应该有代表参与州高等教育政策制定。州高等教育政策的制定还应吸收其他利益相关者参与，如学生、教师、所在州企业和社区领导人。

在多数州，一般由州长启动高等教育政策的制定过程。为了在高等教育政策制定过程中拥有发言权，州长一般会把高等教育政策纳入州整体政策议程的一部分。然而，实现高等教育政策可持续性的关键是确保州行政和立法部门参与高等教育政策制定，包括参众两院多数派和少数派代表。在许多州，开展一项需要行政立法部门与政党之间合作的工作是一个挑战，特别是在政治势力分裂和权力分立传统根深蒂固的州。然而，重要的一点是，高等教育政策制定只是为州政府正式的决策提供信息。高等教育政策只具有参考价值，对与会的州政治领导人没有约束力。

通过让州政治领导人参与制定高等教育目标、绩效指标和行动计划会增加州预算和拨款支持高等教育目标和高等教育资助政策的可能性。现实情况是，州政治领导人希望在高等教育政策制定上拥有一定的话语权。高等教育政策的制定需要州政府有效的政策领导能力，这有助于高等教育政策制定与高等教育长期目标之间的有效协调。

高等教育政策制定需要专门的工作人员，他们负责制定和修订战略规划，监控和报告高等教育目标的实施进展情况，制定行动计划和财政框架，维持高等教育数据和信息基础设施以及数据分析能力以监控高等教育目标进展情况，并编制年度进展报告。在设有协调董事会的州，这种事务可由董事会处理。州协调董事会的工作人员可以充当高等教育政策制定的工作人员。在所有公立院校只有一个治理董事会的州，只要给予董事会工作人员足够的自主权为整个高等教育政策制定服务，董事会就可以将这一职责分配给董事会工作人员。然而，州高等教育管理机构要区分高等教育政策制定角色与州协调董事会或治理董事会角色。换言之，协调董事会的工作人员和整个州大学系统的工作人员可以为高等教育政策制定提供人力资源支持，但高等教育政策制定进程应该由协调董事会以外的小组负责。一旦战略规划和行动计划获得批准，州协调董事会和州治理董事会将负责执行这些计划。

2. 州高等教育协调部门

在高等教育治理中，全州高等教育协调是一项重要职能。在所有公立高等教育只有一个治理董事会、私立院校不多的州，这一职能可以继续由治理董事会履行。然而，在有两个或两个以上治理董事会的州，仍然需要一个协调机构。麦克吉尼斯认为，由协调董事会履行高等教育政策制定职责是不现实的。[1] 当然，协调董事会应该参与高等教育政策制定进程，但州高等教育管理机构不能期望他们成为高等教育政策制定的领导者。协调董事会的职能包括通过以下工作促进跨部门协调：促进院校使命的差异化，包括审查和批准院校使命的重大变化；制定大学系统的财政政策并进行资源分配；领导和实施跨领域活动，如高等教育与基础教育的协调、高等教育与劳动力市场和经济发展的联系、高等教育与成人教育的联系；维持州范围内的高等教育数据和信息能力（包括州纵向数据系统），数据和信息维护能力可用于支持分析、监测和报告上述政策制定职能；分析和解决州范围内的高等教育问题。

3. 州高等教育服务机构

州高等教育服务机构主要负责学生资助管理及非公立院校的监管和许可。各州应将这些业务和监管职能与高等教育政策制定职能分开。州协调董事会可以履行这些职能，但是，各州应防止学生资助管理及非公立院校的监管职能主导协调董事会的议程。确保这种职能分离的最有效方法是由州政府向协调董事会额外提供资金，而不是依靠学生资助项目的管理经费或非公立院校为获得许

---

[1] MCGUINESS A C. State Policy Leadership for the Future: History of State Coordination and Governance and Alternatives for the Future [R]. Education Commission of the States, 2016: 1–54.

可和授权而支付的费用。

在设有协调董事会的州，学生资助管理及非公立院校监管是一项重要职能。正如前面所强调的那样，对于协调董事会而言，承担这两项职能的风险在于这两项职能将主导协调董事会的议程，并将协调董事会的注意力从传统上与州高等教育协调有关的实质性问题上引开。这一问题的一个突出表现是协调委员会的大多数议程与实现州高等教育战略目标无关，而主要与学生资助项目的管理和非公立院校的许可及授权有关。

出于这一考虑，协调董事会应将学生资助管理和非公立院校监管职能组织为一个附属的、具有授权的准独立单位，以负责日常管理和监管任务。协调董事会负责制定学生资助政策，附属单位负责学生资助管理的日常业务。

4. 美国州立大学系统和分校

如上所述，州高等教育政策的制定权不应交给州治理董事会。在所有公立高等教育机构只有一个董事会、独立院校不多的州，州治理董事会可以为高等教育政策制定提供人力资源支持。在设立州高等教育目标和制订行动计划时，应由治理董事会主席和州立大学系统首席执行官来领导这项工作。然而，治理董事会既要为公立院校的治理负责，又要为公立院校的利益负责，又要代表州公民履行政策制定职能，这容易导致治理董事会和州立大学系统的角色冲突。此外，这些全州治理董事会有实现全州高等教育目标和行动计划的责任。在有两个或两个以上州治理董事会的州，州政府必须有一个独立的政策制定机构。

5. 美国州立大学治理体系的未来角色

有效的治理体系是实现州高等教育长期目标的关键组成部分。换言之，如果一个州只专注于落实高等教育政策制定（州目标、行动计划和财政框架），而未能重新设计大型大学系统的执行能力，那么该州的高等教育计划将不会实现。公立院校系统在公立高等教育中招收了大约四分之三的全美学生。有几个州走在大规模改革的前列，这些改革旨在提高学生的学位完成率并有助于实现州教育目标。然而，有太多的州仍然采用以自我为中心的高等教育管理结构，这种结构在其组成机构内部进行系统性变革的能力有限。尽管各州对这些治理体系所需变革的细节有所不同，但它们面临以下共同的问题。

第一，各州应将系统董事会和系统高级领导人的职责从治理和管理分校转向为整个大学系统提供战略领导以服务学生，并将大学系统的高等教育供给能力与州未来经济发展和生活质量联系起来，就明确可衡量的大学系统高等教育目标以及各分校为实现这些目标所做的贡献达成共识，并增加分校自治和校长的管理责任，同时，让校长对系统目标和分校使命负责。

第二，各州应将各美国州立大学从一个为学生和资源相互竞争的分校整合为一个协调的、差异化的大学系统，这个大学系统的影响远远大于各分校的总和。

第三，将州立大学系统的角色集中在校际问题上。美国州立大学系统需要确定系统的总体规模和结构、分校角色和定位、分校使命的重新调整。美国州立大学系统要将与高等教育目标相一致的财政战略和资源配置作为促进高等教育变革和创新的主要政策工具。美国州立大学系统需要调整分校容纳能力，措施包括：将具有全球竞争力的研究集中在一些高等院校；巩固院校的可持续发展能力，创建可持续发展的分校；赋予一些分校新的角色，使其成为区域内大学学习中心，有能力从其他校园和全球高等教育供应商那里获取高等教育资源，为区域内的学生提供服务。美国州立大学系统需要为开发和实施新的教学模式提供场所，在各个学习中心支持在线学习，管理高等教育市场，利用当地和全球教育资源造福本州人民，在大学系统服务方面实现规模经济，但更强调对以服务购买和市场为基础提供的服务进行奖励。一些服务（如数据和信息基础设施）对系统目标至关重要；一些服务（如人力资源和采购）可在购买服务的基础上由大学系统提供给各分校。州政府应强化美国州立大学系统在支持学生获得多种学习机会及在线学习方面的作用，如使用学生信息系统、便携式成绩单、学位和学生资助系统。

美国各州的州立大学系统在高等教育变革的程度上各不相同。如果美国州立大学系统不进行变革，那么美国州立大学系统会对分校的竞争力及实现州高等教育目标构成障碍。许多拥有两个或两个以上大学系统的州没有有效的手段来进行政策制定或全州协调。如果没有总体的州高等教育目标，这些州就无法确保大学系统目标与州优先事项和州财政政策保持一致。

6. 结论

在过去的一个世纪里，随着高等教育系统和州政府复杂性的增加，州高等教育结构发生了巨大的变化。许多现存的高等教育结构起源于高等教育发展的早期。在许多情况下，州法律规定的高等教育管理机构的权力和职能在过去几年里只发生了微小的变化。通常，这些变化只是简单地增加了新的职责，而没有清除那些不再相关的职责。麦克吉尼斯指出，仅仅通过恢复现有的董事会或机构不可能创造州高等教育行政办公室未来的辉煌。[1] 州政府期望州高等教育管理机构超越其历史角色承担 2005 年美国高等教育管理中心政策声明中所说的全州政策制定职责是不现实的。

美国州政府要实现对美国州立大学的有效治理，每个州都需要实施变革。尽管实现这些变革的任务看似艰巨，但只要州领导人认识到不采取变革的后果，这些变革实际上是可行的。在某些情况下，这些变革只涉及更新现有州董事会或管理机构的授权。在其他情况下，变革要求各州建立新的治理机构，或撤销、重组现有的治理机构。州高等教育管理机构不具有统领州高等教育政策制定的能力。在州政治领导人和经济条件急剧变化的背景下维持长期的改革议程对于州高等教育管理机构来说是一种必要的能力。

---

❶ MCGUINESS A C. State Policy Leadership for the Future: History of State Coordination and Governance and Alternatives for the Future [R]. Education Commission of the States, 2016: 1 -54.

第3章　美国州立大学系统的治理模式

正如美国多校园大学系统研究专家盖泽尔（Gaither）所言，多校园大学系统已经成为美国高等教育的主导模式。这一模式主要出现在第二次世界大战后的美国公立高等教育机构中。[1] 美国州立大学系统在州立大学治理中扮演着非同寻常的角色。很长一段时间以来，它既是州政府与各个州立大学分校的桥梁和纽带，也是州政治势力干预各分校的阻隔器，有效地保护了各个分校。如今，它面临着一系列困境与挑战。在以多样性著称的美国高等教育领域，美国州立大学系统的治理模式是多元且丰富的，不同州的州立大学系统存在着不同的治理模式。为了更好地呈现美国州立大学系统治理模式的变革与创新，本章第1节和第3节以加州大学系统为背景，对比分析加州州立大学系统与加州大学系统在治理模式变革方面的异同，以凸显加州州立大学系统治理模式的变革特征与趋势。

3.1　加州大学系统的“一个大学”治理模式

加州大学是由单一校区的公立大学逐渐发展为复杂的多校区研究型大学的，在加州大学的10个分校中，伯克利分校建校最早。其他9个分校的形成过程可以概括为3种情况：第一种是由加州大学在扩张过程中合并其他院校逐步发展而来的分校，如洛杉矶分校；第二种是由加州大学设在各地的附属机构独立出来而形成的分校，如戴维斯分校；第三种是根据加州高等教育总体规划

---

[1] 杰拉德·盖泽尔．美国多校园大学系统：实践与前景［M］．沈红，等译．北京：教育科学出版社：序言Ⅱ．

在加州不同地方建立的全新分校，如圣克鲁兹分校。[1]

3.1.1 加州大学系统治理概况

作为美国第一个多校园大学系统，加州大学系统独特的治理模式以“一个大学”理念著称，其基本假设是：一个庞大的、分权的多校园系统拥有相同的使命，虽然各个校园的办学规模、优势与特色、战略方向、发展阶段各不相同，但它们仍然可以被看作一个单一的大学进行治理。长久以来，“一个大学”理念被认为是加州大学发展为美国卓越的公立研究型大学的主要因素。加州大学“一个大学”模式的统一管理和文化风尚已经盛行了近百年。

如今，它与多校园大学系统治理的主流理念相去甚远。多校园大学系统治理的主流理念主张各分校拥有更大的独立性以及公私混合治理模式以应对公立研究型大学面对的经济困境。在高等教育变革持续进行的时期，加州大学“一个大学”的多校园治理模式是否能够持续下去充满了变数。加州大学的起源和发展历程赋予了加州大学治理模式一些历史因素。大学治理模式的变革与创新是多种因素和力量相互作用和相互制衡的产物。它不仅是资金压力和其他外部压力的产物，也是大学组织冲突、个人竞争、利益博弈及对前任错误进行纠正的产物。大学治理模式的变革还要兼顾其历史。加州大学系统治理模式的变革为美国州立大学系统治理模式的变革与创新提供了可资借鉴的经验。

2008 年的经济危机重创了美国各州经济，公众对高等教育的支持不断降低。这种困境波及整个美国公立高等教育。有些州的生均经费削减了 40%。[2]伴随着经费的持续削减，美国公众对高等教育的批评不断增加。大量针对大学组织与治理的批评如潮水般涌来。这一趋势的长期背景是公众对公共组织的认知方式发生了转变。针对大学治理模式的分析越来越多地来自于经济学而不是教育学、政治学、社会学、哲学或其他学科。战略这一术语曾经仅用于战争，20 世纪 70 年代开始被当作商业用语，如今它被相当普遍地用来描述学术机构。

克里斯坦森（Christensen）的颠覆性创新理论强化了以下观念：战略行为

---

[1] 邹安川. 美国加州大学系统治理结构述评［J］. 世界教育信息，2014（20）：21－25.

[2] PELFREY P A. The One－University Idea and Its Futures［R］. Center for Studies in Higher Education. 2016：1－12.

对公立大学与私人公司一样重要，公立大学要么适应不断变化的环境，要么被新的竞争对手取代。美国公立大学面临的问题不是资助不足，而是强大的营利性教育机构与线上教育机构等新竞争对手对其产生了威胁。美国公立大学要在竞争激烈的高等教育市场中生存下来就要进行彻底的变革。美国公立高等教育治理似乎在重蹈过去三四十年美国商业放松管制的覆辙，高等教育的市场化和州政府的管控使公立大学面临困境。办学经费的紧缩使美国公立大学的治理日益商业化，大学组织的商业模式日益渗透进美国公立大学系统的治理模式。在将近一个世纪的时间里，美国公立大学系统发挥着缓冲政府政治干预和向政府申请预算的作用。早期的规划者、经济学家和立法人员对美国公立大学系统的许多优势给予了肯定。美国公立大学系统是控制地方势力创建耗资巨大的新校园和不必要的职业学校的一种约束性力量；美国公立大学系统有助于平衡州政治权力；美国公立大学系统的办学规模庞大，它能够满足各州对于专业和服务多样性的需求，为学生提供丰富的智力资源并引导他们健康成长。

在20世纪60年代，因官僚化、非人性化、大班教学（尤其是公立研究型大学）、教师对本科教育关注不够等问题，美国公立高等教育系统备受批评。在20世纪70年代，在面临学生人数下降时，美国公立大学系统的优势再次凸显。经济学家鲍尔丁（Boulding）认为，大型高等教育机构更有可能成功渡过经费紧缩难关。1975年，卡耐基高等教育政策研究报告指出，在不利的环境中，美国多校园大学系统凸显两个方面的重要优势：一是弹性的治理结构足以适应变化的情境，二是适应性的弹性规模。

随着时代的变迁，在俄勒冈州、威斯康星州和其他一些地方，自治与控制的冲突问题在美国公立大学系统内部、在美国公立大学系统与州长和立法人员之间已经浮出水面。伴随着这些冲突而来的是对美国公立大学系统如何运行的新关注，尤其是在公众投资减少背景下应对学术质量的挑战时，美国公立大学系统所存在的不足。2006年以来，每年培养380万学生的美国公立研究型大学的州资助被大规模削减，全美平均削减了34%。[1] 美国公立大学系统采取了各种各样的措施使自己尽量少地依赖公共资金、较多地依赖企业。

尽管全美第一个多校园大学系统——加州大学系统也面临困扰美国其他公

[1] PELFREY P A. The One – University Idea and Its Futures [R]. Center for Studies in Higher Education. 2016: 1 – 12.

立大学系统的许多问题，但加州大学系统独特的治理模式化解了一些问题。十所分校共享同样使命的多校园大学系统在美国公立大学系统中较为少见。在“一个大学”组织原则下发挥功能的“一个大学”治理模式可以追溯到20世纪30年代。

3.1.2 加州大学系统“一个大学”理念的起源与发展

“一个大学”的基本理念是，一个庞大的、分权的多校园系统拥有相同的使命，虽然各个校园的办学规模、优势与特色、战略方向、发展阶段各不相同，但它们仍然可以被当作一个单一的大学进行治理。分校校长负责每个校园，总校校长负责作为整体的大学。它通过在集权和分权之间不断变化的平衡来运行，它不同程度地将权力集中到系统，同时保持各分校相当的独立性。

1. “一个大学”模式的戈登版：集权的“一个大学”模式

“一个大学”模式成为固定概念是在20世纪30年代，这归功于加州大学具有超凡魅力的系统总校校长戈登（Gordon），他是加州大学“一个大学”治理模式的缔造者。他担心地方主义在加利福尼亚州盛行，并担心来自加州南部不断增长的政治压力会将加州大学一分为二——分成伯克利分校和洛杉矶分校。20世纪30年代，加州到处盛传的消息是加州大学各分校有可能独立。然而，戈登声称，任何把加州大学当作一个不可分割的学习中心之外的想法都是不可能实现的。拆走任何一所分校将有损加州大学内在的整体性。

对于“一个大学”治理模式的形塑与建立，除了这场争论的政治效用之外，还要感谢戈登令人印象深刻的形象和强有力的演说才能。戈登认为，对于加州大学治理的集权化而言，“一个大学”理念是令人信服的基本原理。在“一个大学”治理模式下，戈登反对“地方的傲慢与偏见”，他认为，过于强调单个分校的独立性会牺牲大学系统的整体性。在其任期内（1930—1958年），即使是在加州大学规模扩大并日益复杂之时，戈登也持续抵制与分校负责人分享管理权力。他事无巨细的作风令人印象深刻，但加州大学系统管理日益僵化的一面也不断凸显。他作为系统总校校长提交给董事会的最后一份预算是明细支出预算，长达1 000页，包含每一个分校雇员的姓名和薪水。直到1952年，董事会在违背戈登意愿的情况下在当时两个主要的校园伯克利分校和洛杉矶分校分别设立了分校校长职位。

2. “一个大学”模式的克尔版：分权的“一个大学”模式

作为伯克利分校第一任校长的克尔（Kerr）不顾戈登对分权治理模式的反对，带着加州大学全新的蓝图于 1958 年担任加州大学系统总校校长。公正地说，克尔将这次里程碑式的变革称作加州大学历史上第一次重要的重组。这是加州大学系统的一次分阶段改造，为 20 世纪 60 年代加州大学系统办学规模的快速扩大做好了准备。从此，加州大学系统进入为期 8 年（1958—1966 年）的迭代期。克尔对戈登集权的“一个大学”治理模式进行了勇敢的改组。

克尔改组的第一步是推动董事会向大学系统总校校长的一系列授权。总校校长需阐明其行政责任。总校校长是唯一直接向董事会汇报的行政负责人。克尔改组的第二步是推动大学系统总校校长向分校校长的一系列重新授权，其作用是指定分校校长作为首席负责人，结束系统总校副校长对分校的日常管理。分校校长和大学系统总校校长从此以后各负其责，在学术、体育、财务计划、经费支出计划与预算等方面分工协作，这些方面也反映出各分校不同的特色、风格与办学宗旨。而这些反过来又成为加州大学系统一体化的基础，它很好地服务于加州人民和学术界。在克尔的眼里，这次重构将高度集权的加州大学系统从总校－分校模式转变到强大的分校联盟模式。

对于戈登为何始终抵制改革的问题，克尔在 2001 年加州大学系统的大事记里指出，戈登过度依赖集权是源于两方面的担心。第一，分权将终结加州大学系统作为一个大学的存在。第二，分权最终将导致从董事会－总校校长管理向董事会－总校校长－分校校长管理的转变，源于分校校长的压力最终可能演变成董事会－分校校长管理，这切断了总校校长与董事会的联系并威胁到戈登强烈支持的“一个大学”理念。戈登将“一个大学”理念与集权紧紧连接在一起，克尔拆散了两者之间的联系。但克尔保留了“一个大学”理念，甚至赋予其一种合法性光环。克尔写道，加州大学系统继续作为一个大学存在，它享有加州宪法赋予的宪法地位。克尔继续写道，虽然自己保有极不相同的、性质上低调的行为方式，但其外向的前任以其不屈不挠的热情执行了礼仪性和象征性角色。

克尔的重组是在一个较为成熟的公立大学系统内实施分权化管理。在统一的加州大学系统范围内，每一个校园的成员身份得到强化与保持。在这个新世界里，分校校长有充分的行政权力和权威管理其校园。克尔的继任者希奇（Hitch）在1968年写道，伴随着发展规划上的大量新方案，各分校运行权力的分权化事实上已经完成。系统总校校长从戈登过于宽泛的责任中解放出来，腾出时间聚焦于其作为大学系统首席行政负责人的角色。在这种治理模式内，系统总校校长的职责包括：指定分校校长，评估各分校绩效；编制预算，将其呈交给董事会、州长、州立法机构，最后决定各分校的经费分配；建立顶层政策；设定整个大学系统的发展方向。

到20世纪60年代中期即克尔的改革议程已经实现的时候，"一个大学"原则统一了新旧元素并形成以下各项规定：加州大学系统各分校通过相同的教学、研究、公共服务使命，同样潜力巨大的学生和表现卓越的教师，以及同样的发展机会，最终将自己提高到伯克利分校和洛杉矶分校的水平；作为大学系统总负责人的系统总校校长管理整个大学系统，代言作为一个整体的大学，面对董事会和加州人民确保履行大学的义务；在董事会或系统总校校长制定的政策范围内，分校校长作为分校总负责人行动；州政府针对作为整体的加州大学系统编制预算，并由系统总校校长将经费分配到各分校；学术评议会被授权负责学术事务，其由各校园评议会和系统评议会构成，系统评议会由各校园代表组成；在系统范围内统一入学和学费标准，体现对加州大学每个分校的学生高质量教育的承诺；学术评议会和高层学术管理领导人共同监督和管理教师招聘和晋升的统一政策。学术评议会的角色是在其工作范围内评价新学术项目，其在"一个大学"治理模式的发展中具有相当的重要性。

"一个大学"理念是对不断成长的多校园大学系统惯性离心力的组织回应，是一个在各分校之间平衡协调与竞争的框架，是一个在新旧分校建立同样学术质量的手段。在20世纪70—80年代的预算紧缩时期，加州大学系统校长萨克森（Saxon）认为"一个大学"理念的第3个功能并不是一句修辞性陈述。将一个大型的、分权的大学系统作为一个单一的大学进行管理意味着每一个跟随着伯克利分校融入加州大学系统的校园共享同样的历史遗产和一套要求。一系列研究所证实的加州大学系统特有的卓越表现是"一个大学"理念带来的结果。"一个大学"理念不是一个可有可无的理想，而是一项大学系统运行的基本原则，它是经过严谨设计并谨慎应用的。

加州大学伯克利分校为其他分校提供了原始的灵感。它设定规范、界定标准，对于其他分校而言，它是一个监督者同时又是一个挑战者。伯克利分校的教职员工向新分校提供专家支持。伯克利分校的办学经验表明，学术卓越实际上在公立大学能够实现。1974 年，佩尔弗雷（Pelfrey）作为一名教师来到洛杉矶分校时，他确信伯克利分校卓越的学术成就最终会使洛杉矶分校拥有类似的高水平学术质量。佩尔弗雷的判断已经得到验证，洛杉矶分校随后成为与伯克利分校一样的学术典范，成为后加入校园高质量学术水平的来源。

萨克森认为"一个大学"理念的主要目标是在整个加州大学系统范围内保持其卓越的学术地位并扩展其学术影响。这一理念贯穿了加州大学系统长期以来的政策选择——从 20 世纪 60 年代 3 个新分校的建立一直到 2005 年最新成立的加州大学默塞德分校。

3. "一个大学"治理模式面临的挑战

尽管如此，"一个大学"治理模式从一开始就既不缺少问题也不缺少批评。作为将加州大学各分校凝聚成一个单一的治理结构的管理手段，"一个大学"模式的戈登版即集权化从几个方面遭到抵制。伯克利分校的教师始终认为伯克利分校就是加州大学，而其余校园包括洛杉矶分校都是加州大学的局外者。伯克利分校潜在的竞争对手洛杉矶分校已经意识到自己老二的身份。根据佩蒂特（Pettitt）所说，缓和两者之间的紧张局势是戈登需要解决的问题。在沮丧的时候，戈登曾经提出过辞职。

同样，克尔的分权化改革在系统总校校长办公室与分校之间的关系上所造成的内部效应也有几个自相矛盾的结果。1960 年，尽管新分校的建立提供了一些自决的机会，但他任命的洛杉矶分校校长墨菲（Murphy）依然经常挑战他的权威。1965 年，加州大学董事会委托律师伯恩（Byrne）调查并向董事会报告学生骚乱的根源。伯恩的报告深度聚焦加州大学系统的治理。该报告认为加州大学系统应该重组为各自独立的分校，大学系统总校校长的职责应该与董事会主席的职责合并，其职责主要是主持董事会会议。尽管该报告保留了大学系统总校校长传统权力的一部分，克尔依然感到各自独立的加州大学分校没有为大学系统校长权威留下任何空间。针对该报告的建议，董事会拒绝采取行动。克尔始终认为，加州大学洛杉矶分校校长应该在管理分校方面发挥作用。克尔在 2001 年加州大学系统的大事记里指出，他应该更加专注于即将到来的系统校长的权力消解。

在伯克利分校，并非克尔所有的组织与治理主张都获得了成功。他热情支持的其他分校有时候轻视伯克利分校的学术地位。伯克利分校的许多人感到克尔的变革失去了根基。克尔的变革主要涉及两个方面，一方面是转向四学期制，另一方面是重组学术评议会。在戈登时代，学术评议会存在两个分支，北部评议会和南部评议会。为了认可 3 所加入的新分校圣克鲁斯分校、尔湾分校、圣地亚哥分校，经过长期的争论，北部评议会和南部评议会于 1962 年 12 月投票通过以学术评议会取代北部评议会和南部评议会分支的决议。该评议会由来自所有加州大学分校的代表组成。克尔公开支持这一变革，而伯克利分校教师只是不情愿地接受。

1964 年，伯克利分校自由言论运动引发的矛盾激怒了伯克利分校校长斯特朗（Strong）。他反对克尔校长，伯克利分校抵制系统校长办公室的过度管控。对于许多伯克利分校的教师来说，克尔的到来意味着一连串不得人心的变革增添了挥之不去的反大学系统情绪。1975 年，加州大学系统校长办公室召集了一个由各分校代表组成的委员会，讨论在加州大学系统的治理中，集权与分权之间的适当平衡。代表们讨论了如何打破这一平衡。根据会议记录，伯克利分校的代表反对任何进一步的集权，其理由是加州大学伯克利分校一直遭受着 9 所分校成长带来的痛苦，伯克利分校的代表认为进一步的集权意味着加州大学系统对伯克利分校更深入的干预。

20 世纪 60—70 年代，加州大学系统组织上的分歧随着校园规模与时间的变化有了一些变化。新近加入的和小一点的分校把系统成员看作一项收益，支持系统校长办公室的行政管理。伯克利分校和洛杉矶分校最有可能感受到弊端并推动更大限度的独立。它们拥有大量的校友、捐赠者和商业合同，庞大的研究队伍，大量的收入以及进行创新性实验的机会，它们对其质量与世界性声誉有更多的公共意识。因加州大学系统对伯克利分校和洛杉矶分校管控带来的矛盾是加州大学系统长期的历史性问题。

3.1.3 加州大学系统“一个大学”治理模式的现状

自 1958 年克尔担任加州大学系统总校校长以来，其成败参半的改革使“一个大学”治理模式对加州大学系统产生了深远的影响。作为加州大学系统的治理模式，“一个大学”治理模式体现了“一个大学”原则的文化维度，拥有最深入和最持久的影响力。在《美国研究型大学的兴起》一书中，格拉汉姆和戴蒙德（Graham and Diamond）指出，“一个大学”理念或多或少背离了在加州大学系统内偏爱旗舰校园的惯例。系统总校校长萨克森的运行原则冲破了这一惯例，他主张在创建分校和高质量学术项目时要严谨设计、谨慎应用，在整个系统内为各分校提供广泛和平等的机会。格拉汉姆和戴蒙德列举了加州大学各分校异常卓越的学术成就，例如，规模较小的分校以惊人的速度进入全美知名高校行列。这些分校都受惠于“一个大学”原则。

“一个大学”模式作为发展战略，其力量令人印象深刻。20世纪80年代的伯克利分校校长海曼（Heyman）曾经评论说，每个分校校长的目标是独立，但在20世纪60年代长期的政治动荡中，如果伯克利分校不是加州大学系统的一员，其独立性早就被严重破坏了。在法律地位上，加州大学比多数公立高等教育系统更加幸运，加州宪法赋予的自治使其免于政治斗争的侵害。例如，这种政治斗争已经严重影响了威斯康星大学，威斯康星州立法机构近期投票将终身教职制度从州法律中废除。加州大学系统对遍布加州的十个分校而言是一个重要的保护机制，加州大学系统关注分校独立和其他一些重要问题。

系统总校校长的象征性角色已经淡化。在戈登时代，他在加州大学系统里熟练地扮演这一角色并强化其“一个大学”理念。他以全校性活动作为工具来建立加州大学系统的一体化。这种全校性活动包括加州大学系统教师大会和加州学生俱乐部。加州大学系统一年一度的校庆在20世纪80年代终止了。从20世纪90年代开始就不再举行公开的校长就职演说了。公开的学位授予仪式、学术活动、学术价值的重申现在仍然是分校校长的事务。

加州政府的大学预算对于“一个大学”理念及系统校长的角色而言曾经十分重要，但现在，加州政府的预算大部分通过公式进行分配，系统校长在分校预算分配上的作用已经大大弱化。2008年和2011年的改革旨在赋予各分校更大的灵活性，使经费分配程序更加透明，并返还各个分校创收的资源，包括研究的间接成本、专利收入和学费等。州资金依据公式进行分配，旨在为系统内的每一个学生提供平等的支持。在资金支配方面，系统总校校长有权从州预算中留出一部分资金用于系统范围内的活动或特殊目的。但是预算控制从系统到分校的转变超出了“一个大学”理念所设定的框架。

3.1.4 加州大学系统“一个大学”治理模式的变革

在加州大学系统内部，“一个大学”理念依然盛行，但其在2008年以来的资金困境中受到了冲击。其他地方也在倡导改革以回应对多校园大学系统的批评。美国高等教育系统治理与组织方面的专家麦克吉尼斯（McGuinness）指出，2008年以来一些多校园大学系统的分校要求更大的校园自治，围绕着校园自治，分校对大学系统存在3个不满：一是系统董事会不了解各分校的日常运行；二是随着州财政支持的萎缩，大学系统的协调者与监督者的角色应该淡化；三是大学系统不利于分校与地方的合作，其在分校寻求新的收入来源方面制造了障碍。这些正是一些学者所提出的问题所在，它们倡议在加州大学系统进行治理模式的变革。

第一个变革方案主张各分校适当独立。这样一来，加州大学系统将变成一个准政府代理机构而非州政府代理机构。在这种公私兼有的资金支持模式下，加州大学系统将不再通过公共资金而是通过与加州政府签订滚动的五年合同得到资金支持。作为解除州政府各种控制的交换条件，各分校通过提供教育、研究和服务活动获取双方议定的款项。这些合同既可以统一的加州大学系统的名义签订，也可以加州大学系统内一部分分校的名义签订。经加州大学系统的批准，分校的学院或其他校园内组织也可以采用这种公私兼有的资金募集模式。

第二个变革方案主张建立分校委员会。分校委员会被授权处理以下事务：学生入学、学杂费和基本建设项目。加州大学系统董事会有26位董事，一年召开6次会议讨论系统校长设定的议程。该变革方案主张现有的大学系统董事会成员2~3人一组被分配到新建立的分校委员会之中。新的分校委员会包括分校校长及其他校园和部门代表。系统校长、州长、副州长、所有董事会当然董事可以参加任一分校委员会的会议，但是没有投票权。这一变革方案建议分校委员会一年召开6次会议，全体董事会一年召开4次会议。由于董事需要在分校委员会上花费大量的时间，并且分校委员会赋予系统校长的权力有限，因此，董事会治理逐渐从系统层面转向校园层面。一些学者提出这项改革的理由是州政府资金支持的减少及每个分校的独特性，对于现今复杂的高等教育环境做出回应的需求要求赋予分校自主行动与创新的权力。

第三个变革方案试图从旗舰公立大学的视角解决同样的问题。借鉴大学系统治理的历史，该方案援引格雷厄姆的话指出，美国教育的活力源于竞争性和多样性而非加州大学系统董事会这种系统范围的治理群体的集中控制，分权的控制机制和聚焦校园的治理结构支持这种竞争性和多样性。虽然加州大学系统是美国最为成功的大学系统，但加州大学系统办公室因循守旧的管控越来越被各分校认为不合时宜。持续变化的高等教育环境要求加州大学各分校成为创业型校园，而真正的创业需要解除州政府和大学系统对分校僵化的控制，使分校获得充分的办学自主权。

3.1.5 有关“一个大学”治理模式变革的争论

佩尔弗雷把这些类似的改革方案称作大学治理的市场化模式有两个原因，两者均无意忽视学术价值。第一，市场化改革的目标是构建能够解决加州大学面临的预算困境的治理模式，许多其他的研究型大学同样面临这样的预算困境。第二，大学治理的市场化模式深受高等教育市场化的影响。受高等教育内外环境的影响，越来越多的大学成为高等教育市场的被迫参与者。就加州大学系统而言，市场化模式的支持者认为改革只是加州大学分权传统的一部分，市场化模式的支持者要求加州大学系统的治理权力从大学系统向分校校长及分校转移，他们认为这种权力转移遵循了自然逻辑。针对大学系统的弱点，他们要求更多的校园控制。大学治理改革的市场化模式因忽视大学治理结构的某些利益相关者而收效甚微。针对“一个大学”治理模式的变革，主要出现了以下3方面的争论。

争论的第一点是加州大学系统校长的角色。在争取校园自治最大化的改革中，系统校长的角色通常都消失了。然而，系统校长的角色在加州大学系统中是关键性的。加州大学系统校长行使其权力的一个有力的方法是设定董事会会议议程，就重要问题、优先事项、大学系统追求的政策等提出建议。这些建议在征求分校校长、学术评议会及大学其他部门成员的意见后通常会确定下来，大学系统校长呈现给董事会的建议通常综合了各种观点。作为大学系统的首席行政负责人，系统校长的建议通常代表了其个人的重要判断，他能够针对作为一个整体的大学提出最佳行动路线。

1993年，加州大学董事会的一位董事建议，系统管理只能作为影响董事会决策的力量之一。作为对这一建议的回应，大学系统校长佩尔塔森（Peltason）指出，在共同治理的框架下，系统校长的权力意味着系统管理团队是董事会选择并公开指定的代理人，董事会信任代理人并向代理人授权管理大学。这位董事的建议会严重削弱系统负责人的权威并使系统负责人很难提出富有争议的议题。这种市场化治理模式在1945—1970年期间的加州大学系统的治理中并未发挥作用。

加州大学系统校长通过扮演首席行政负责人这一角色影响系统发展、设定系统发展方向。董事会提出的问题比一系列单个校园问题的讨论更加重要。大学系统校长致力于解决对整个大学系统产生影响的问题和制定整个大学系统的发展规划。加州大学系统是协调“一个大学”原则与分权承诺和分校自治的一种方式。正如加州大学系统前校长加德纳（Gardner）所指出的，大学系统校长在大学范围内持单一立场，即尽力为大学整体负责。软弱的大学系统校长置大学于巨大的外部风险之中，面对变幻莫测的州政治更加软弱，软弱的系统校长不能够引领加州公立大学系统的发展。

熟悉克尔的罗思布赖特（Rothblatt）写道，多年来克尔试图界定大学领导的性质，几十年里他的界定不断地发生变化。这或许是他有时候以与其实际行为不符合的方式谈论加州大学校长管理角色的原因。熟悉克尔的特罗（Trow）在讨论学术领导时注意到了这一点。特罗说，美国大学校长比其欧洲同行拥有并行使着更多的权力。对此，克尔始终有自己的理解，他把多校园大学系统校长扮演的角色描绘为斡旋者。事实上，克尔自己的确更像是一个斡旋者，他对他领导的伯克利分校和加州大学产生了巨大影响。特罗指出，克尔的分析反映了他的观点，即成功的校长学会了行使权力却让人感觉不到，实施领导却让人心甘情愿地顺从，通过领导促进共识的形成，通过领导调停、协调不同的利益相关者。

然而，克尔针对领导的最终论述是关于加州大学系统校长的角色，而且相当坦率。大学系统校长是大学的首席管理人员，是董事会和分校校长的首席建议者，在董事会面前是教师的首席代表，在面对加州人民时是加州大学的首席代表，是新学术计划的首席规划者，是校园绩效的首席评估者，是大学系统的首席领导人。

争论的第二点是加州大学系统的治理结构。许多市场化治理模式认为大学系统治理结构对于分校利益有害，各分校的利益是如此的不同以至于难以协调。克尔意识到像加州大学这样的联盟模式的弱点是它为分校对抗分校、分校对抗系统权力等提供了新的机会。公立大学系统最有可能在内部经历相互尊重的危机并相互牵制。

然而，所有公立大学，包括加州大学在内，都生存在现实世界中，这使一体化战略和集权方法成为良策，有时候甚至迫切需要这种集权的治理模式。各分校从系统成员身份中都有所收获。比如，当州长、州立法人员、联邦官员、审计人员、监管人员和愤怒的市民向系统校长投诉时，大学系统能够有效阻止这些外部势力干预各分校。在危机和争论逼近时，大学系统对于各分校而言就是一种无形的保护。

相对于各分校而言，公立大学系统还有一些优势。加州大学系统的法律总顾问为 10 个分校省去了设立法律办公室的费用。公立大学系统为各分校的集体谈判提供了同样的便利条件。这两者可确保大学系统对于重要而又充满争议的问题拥有统一的代表和一致的观点。大学系统校长办公室管理的退休事务有益于各分校。加州大学成员身份最实际的收益是其信用等级评定，这远胜于以单个校园的身份进行评定。得益于其集体规模和资产，加州大学系统发布了其第二个百年债券，这是为长期目标提供资金及在一个世纪的时间内以低利率偿还债务的一种财务工具。各分校正在使用这笔资金对相关设施进行延期维护。

争论的第三点是系统校长办公室的管理效能。各分校和系统校长办公室之间的意见不合异常突出。这些意见不合多数被解决或被更加重要的问题所覆盖。2008 年以来，加州大学系统一直在着手解决一些更重要的问题。加州大学系统校长办公室一直是重要的审查对象，有几份报告已经质疑其组织与绩效并强调需要阐明其使命。

这些报告提出了大学系统校长办公室与各分校之间的劳动分工问题及进一步分权的重要性。使命问题是较为新近的问题。历史上，大学系统校长办公室的功能一直是支持校长履行其职责管理加州大学系统。加州大学系统校长办公室这一支配性功能一直是全校范围的政策，加州大学系统校长办公室负责协调、监督各分校，使加州大学系统在面对董事会和加州时负起责任。紧随这些报告而来的是，长期以来不断增长的迹象表明，分校针对加州大学系统校长办公室的认知发生了变化。分校认为，加州大学系统校长办公室主要是各类服务的提供者。有些预算改革，包括废除系统校长办公室分配州预算时对各分校的评估，助长了各分校对加州大学系统校长办公室的这一认知。这从 2010 年前后加州大学旧金山分校校长反对为加州大学系统校长办公室的某些特定服务付费一事中可以得到证明。如果加州大学系统校长办公室强行要求分校为系统校长办公室提供的某些特定服务付费，那么旧金山分校要求独立于加州大学系统。各分校反对加州大学系统监督其绩效，它们拒绝机械地遵守加州大学系统的政策。

在美国公立大学系统的治理中，长期以来的一个难题是如何在大学系统校长办公室各种各样的责任中进行适当的平衡。由于大学系统校长办公室在大学系统内施加影响，系统校长办公室面对信息不对称的情境，没有人为它的立场代言。当纷争突起的时候，分校校长保护其校园，评议会保护教师，每个人都可随意批评系统校长办公室。佩尔塔森将这种现象描述为替罪羊体系：教师谴责系主任，系主任谴责院长，院长谴责分校校长，分校校长谴责系统校长及系统校长办公室。这种情况对于系统校长办公室而言简直是常态。此前，很多指责系统校长办公室的报告都讨论过系统校长办公室的角色。但这种讨论有时候导致不平等的对话，其间集权固有地受到怀疑，分权被认为是最佳选择。

3.1.6 “一个大学”治理模式的重要性

21 世纪以来，佩尔弗雷一直在讨论加州大学系统两种不同的治理模式，即“一个大学”模式和市场化模式。在各种压力对大学系统完整性构成威胁之前，“一个大学”模式是化解各种反复出现的内外压力的一种方式。市场化模式视大学系统为束缚性障碍，各分校尤其是旗舰分校为了生存，需要突破这一障碍。这种束缚性障碍通常出现在市场化模式倡导者的大量表述中。分校需要松绑，管理渴望灵活。这两种大学治理模式以不同的结构和不同的内部关系形塑大学系统。由此，我们可得出以下启示。

大学已经证明，它们无须将自己转变成企业就能够激发和利用创业型人才及其活力。创收已经成为研究型大学的重要活动，它既有利于增强社会经济活动又服务于大学自身对于新资源的需求。对于美国公立大学而言，创收依然是重要的。然而，美国公立大学将市场化模式引进大学治理领域，情况就有所不同了。

市场化模式倾向于提供一整套的激励措施迎合单个分校而不是整个大学系统的利益。在大学系统内，单个分校决策的影响显然超出了其自身的边界。比如，在旗舰分校收取高学费对于能够支付高学费的学生而言是好事，而对于其余学生而言却是坏事，因为这些学生会立即被降到第二等级的分校去。即使从严格的市场观点来看，长期以来也存在这样一种情况，即加州大学系统的教育对学生、学生父母以及公众来说是高水平本科教育的象征，在加州大学系统的任一分校都能够获得这样高水平的教育。差异化的学费政策遵循市场逻辑，认为学生所得到的是其所支付的，这取决于市场如何分配价值。

2011 年，由 22 位前加州大学校长和分校校长参加的一个会议指出，在各分校之间实施不同的学费政策衍生出两个问题。第一个问题是，在大学系统范围内提高学费是否真的能产生积极的效应；第二个问题是，是否可以以这样一种方式保护小而新的分校的实力和抱负。在推进大学系统对各分校放松管制的过程中，市场化模式遇到了一些真正的问题，即如何处理真正的大学系统范围问题，以及如何在各分校之间强化合作与相互支持的价值观。新的风险在大学系统范围内再现。1960 年加州高等教育总体规划实施之前那样的竞争和无序再次出现在加州高等教育领域。

市场化模式的倡导者希望分校在经费上摆脱州政府和大学系统的控制。这是分校对权力的原则性要求。然而，摆脱州政府和大学系统的经费控制不仅会使各分校成为创业型大学，也会使其变成私立大学。州政府 30 多年的投资缩减已经将许多公立研究型大学推向某种程度的私立化。2005—2014 年，加州大学通过学生学费支付所有运行成本的专业增加了近一倍。这些自给自足的专业包含职业性专业。尽管一些硕士学位项目已经自给自足，但是加州大学禁止博士学位项目自给自足。加州大学学术评议会已经就专业的自给自足提出了一些相关问题，包括州政府是否会将大量激增的自给自足的专业看作进一步削减加州大学预算的动力，在不违背公立大学公立性的前提下持续削减预算的可能性有多大，以及维持加州大学多样性和入学机会广泛性的可能性有多大。

虽然加州政府在过去几十年里已将加州大学的总预算大幅度缩减，但现在加州大学的总预算依然接近每年 30 亿美元。这些钱虽然只能维持大学的核心功能，但这些核心功能对于公立大学的使命而言十分重要。不论州政府给予私立大学的资助是多少，公立大学都属于公众。多年来，公众的钱、公众的信任及公众的支持铸就了旗舰公立研究型大学及它们现在所享有的国际声誉。在这方面，加利福尼亚州一马当先。多校园大学系统在起源和宗旨上是服务于公众的。正如加州大学前校长阿特金森（Atkinson）所言，资金紧缩要求加州大学转向密歇根大学或弗吉尼亚大学的模式。就学生学费和其他增收方式而言，密歇根大学或弗吉尼亚大学的私有化成分不断增加，公立性质渐趋淡化。广义上说，密歇根大学或弗吉尼亚大学实施的不是加州大学的治理模式。加州大学是多校园系统，加州大学各分校必须以整个系统的身份努力解决自己的问题并把握自己的命运。

加州大学系统把许多改革建议统一起来的原因是其怀有这样的信念，即以内部重构来解决源于外部的问题，不管这些改革建议是针对加州大学系统还是别的大学系统。在应对资金紧缩的高等教育改革中，针对谁应该为高等教育买单，谁受益于大学的研究，以及还有其他什么公共事项应该优先于高等教育得到公共资助等问题的社会态度发生了深刻转变。加州大学系统所提出的解决收入缺口的主要办法是提高学费、增加自给自足的专业、更加积极地募集私人资金、收取更高的间接研究费用、解除州政府对大学的管控。多校园大学系统可以采取这些措施以破解资金紧缩的难题。组织与决策专家马奇（March）指出，有些创新对于大学的长远发展来说是重要的，但从事变革的人应该注意两个固有的问题。第一，多数改革高等教育的新观念并不成熟，有可能失败。第二，将成功的改革从失败的改革中分离出来需要很长时间。因此，作为通则，“投入创新等于投入失败”。支持变革的领导离开后，组织变革就会破灭。失败的教训是模糊的，且会出现误判的情况。毕竟人们倾向于高估收益而低估成本。

克尔的改革表明，组织创新有可能真正是变革性的。然而，公正地说，由于困难确确实实存在，克尔的改革受到时代背景的支持。它们包括可靠的州资助、教师和董事会的一致同意、重建服务于大学发展的治理结构的紧迫性。他所倡导的变革以一种有规划的、有序的方式展开。几年下来，克尔的改革回应了一些既有的问题，这些问题都有相对明确的答案。对于加州的高等教育改革来说，先前的有利条件现在显然已经不存在了，加州大学系统 21 世纪初的改革目标相当分散，难以聚焦。对于 21 世纪初的加州高等教育改革来说，马奇的怀疑论固然可以不予考虑，然而，把市场化模式当作学术机构变革的最佳模式或唯一模式的局限性还要深入研究。长期以来，大学的成功一直依赖于大学对社会需求的适度回应，不过，大学也要抵制针对社会需求过度回应的高等教育变革。

“一个大学”模式的未来发展趋势尚有待于观察。这要看“一个大学”模式是否能够继续引领加州大学崛起为世界顶尖公立大学。此外，针对公立多校园大学系统的治理存在不同的治理模式，这意味着“一个大学”模式拥有几种而不是一种可能的未来。

在权力从大学系统向分校发生大量转移和系统校长办公室角色不断变化的背景下，“一个大学”原则作为组织理念依然形塑着加州大学的治理。在加州大学系统采用一种市场化治理模式的时候，这种市场化治理模式可能会被另一种市场化治理模式所取代，或者被这些市场化治理模式的某种形式所取代。市场化治理模式有可能重新界定大学理念，并以某种方式在加州大学系统的领导和分校的独立之间达到一种新的平衡，与此同时保持加州大学的完整性。加州大学的市场化治理模式最终也不会彻底抛弃“一个大学”治理模式，而只进行一种渐进式的变革。在此期间，“一个大学”理念会成为另一个时代的产物。在这种情况下，许多小的变革将导致大的变革的出现。

历史学家罗杰斯（Rodgers）认为，20世纪末期以来，人们一直生活在断裂的年代。这期间，人们日益强调将个体作为行动单位，这造成了罗杰斯所谓的组织机构的淡化。这已是一种重要趋势，尽管不是唯一趋势。这一趋势使人们在组织机构中维持广泛交流日益困难，大学系统也不例外。加州大学系统的治理深受另类哲学观念的影响。“一个大学”理念在不断变化中妥协，它从一开始就面临挑战，也许它从来没有在21世纪初面临的挑战那么多。不过它也是加州大学成为卓越的大学系统的唯一重要原因。这使得“一个大学”治理模式值得加州大学系统为之奋斗。[1]

3.2 加州州立大学系统的分散治理模式——以课程变革为例

与全美各地的其他州立大学系统类似，加州州立大学（The California State University，CSU）系统的课程变革旨在帮助更多学生顺利毕业。加州州立大学系统的课程变革建立在以下认知基础之上：所有被加州州立大学系统录取的学生都已具备了上大学的学术基础。这些课程变革标志着美国最大的四年制大学

[1] PELFREY P A. The One - University Idea and Its Futures [R]. University of California, Berkeley. Center for Studies in Higher Education. 2016: 1 - 12.

系统发生了非同寻常的政策转变，这一政策转变对23所加州州立大学分校的课程变革产生了重大影响。

3.2.1 加州州立大学系统课程变革的背景

2017年，加州州立大学系统校长办公室发布了课程改革行政令，要求各分校取消书面交流和定量推理课程，并提供新型课程模式以帮助学生在初级课程中取得成功。课程改革行政令还取消了英语等级考试和数学入学考试，取而代之的是多重测试即综合高中成绩和入学考试成绩来确定学生进入加州州立大学后的课程安排。

加州州立大学系统各分校之间存在显著差异，学生群体的人口学统计、可用的讲师库、提供定量推理和书面交流课程的部门数量和类型都是影响各分校如何最好地重新设计课程的因素。各分校采用独特的方法来支持学生的学习，使学生顺利完成第一年的学业。在促进学生成功方面，各分校的做法各不相同。课程重构策略一般分为两类：一是增设单学期课程或季度课程，这些课程有课程补充说明、实验和研讨会等辅助条件提供支持；二是使用课程拓展模式，将一个学期的课程拓展到两个学期，以便于学生在学习材料上花更多的时间进行研习。[1]

各分校重构课程的方法包括并修模式和拓展模式。并修模式在定量推理和书面交流课程中均有使用，不过在定量推理和书面交流课程中，主干课程和辅助课程之间的衔接程度和类型有所不同；拓展模式在书面交流中得到了很好的运用，它在定量推理中也有所运用，尤其是科学、技术、工程及数学类课程。针对两种课程重构模式的教学效果，大多数授课教师报告说，对于同一门课程，当他们在整个学期保持相同的教师和学生时，这些课程重构模式的教学效果最佳。各分校尝试了不同的定量推理方法以更好地满足所有学生的需求。各分校利用补充教学、面对面辅导和在线辅导来帮助学生取得学业成功。主动学习教学法正在被纳入定量推理课程的教学中。各分校持续不断地实施课程的重

---

[1] BRACCO K R, et al. College - ready in the California State University system: Campus experiences implementing EO 1110 [R]. San Francisco, 2019: 1 -61.

新设计，进行课程变革。[1]

在课程变革的过程中，各分校管理人员报告说，他们严重依赖兼职教师教授重新设计的书面交流课程和定量推理课程。各分校需要通过促进教师的专业发展来确保教师在课程教学方面的一致性。课程协调人员通常在组织定量推理课程的教学中扮演非正式角色。书面交流课程往往有更结构化的教学过程，它通常通过写作中心来组织。一些依赖高年级学生作为讲师和导师的分校已经开发出了富有活力的培训模式。然而，全体教职员工和管理人员表示，专业持续发展所需资金有限，他们没有足够的资金在各自学科中实施有效的课程变革。

接受访谈的加州州立大学教师普遍同意取消英语等级考试和数学入学考试。然而，他们发现了在实施多项课程改革措施时遇到的一些挑战，最一致的反应是没有办法及时获得高中成绩单来确定学生的课程安排。尽管一些分校担心多项课程改革措施可能会影响自我定向课程设置的教学效果，但许多分校报告说，自我定向课程设置仍然取得了成功，特别是对书面交流课程而言。新的课程设置工作要求加强学术事务工作者和学生事务工作者之间的协作，这是实施课程改革行政令带来的正面效应。

对于课程改革行政令的实施，有的分校受访者表示，为期一年的课程改革时间是他们面临的最大挑战。他们同意取消发展性教育的总体目标，他们认为大学系统校长办公室加快了以学生为中心的重要课程改革，他们希望尽早参与制订以分校的专业知识和背景为基础的课程改革计划。有的分校受访者要求根据分校需要提供可持续的资助，他们感谢大学系统校长办公室在推出相关的学生学业成功计划时进行的协调。

来自加州州立大学 9 所分校的调查结果表明，各分校积极参与课程重构工作以使自己的课程改革符合加州州立大学系统课程改革行政令的要求。为使课程改革行政令的持续实施取得最大成功，分校领导层和系统校长办公室应通过以下方式指导未来的课程改革工作：支持数据驱动的迭代式课程重构以评估课程改革的有效性并予以改进，并且进一步支持学生学业成功；支持各分校的教师专业发展工作，旨在确保统一的教学质量；为分校实施多种课程设置提供更大的灵活性，并为负责实施新课程改革的人员提供有效的沟通和培训；建立有

---

[1] BRACCO K R, et al. College - ready in the California State University system: Campus experiences implementing EO 1110 [R]. San Francisco, 2019: 1 - 61.

效的招生管理机制，包括安排和聘请教师。

此外，从课程改革行政令的实施中吸取的经验教训有助于各分校通过以下方式推广其他潜在的学生学业成功计划：为课程改革营造一种紧迫感，同时为教师参与基于证据的迭代式课程设计提供支持；根据各分校需求提供持续的沟通和支持；支持各分校提升跨职能协作和综合规划能力；寻找机会更好地整合和协调系统校长办公室的活动。

3.2.2 加州州立大学系统多样化的分校

在分校如何执行课程改革行政令方面，各分校做法不一。加州州立大学各分校在学生人数、可用的教师资源、提供定量推理课程和书面交流课程的部门数量和类型等方面存在显著差异，所有这些因素都会影响他们如何更好地重新设计课程。各分校处于重新设计课程的不同阶段，一些课程重构工作需要更多的时间才能完成；各分校采用了支持学生学业成功的独特方法，并在支持方式上有所不同；各分校对其独特的需求、资产和短板有着深刻的理解，他们在探索如何更好地遵守课程改革行政令时会考虑这些因素。

加州州立大学是美国最大的四年制大学系统，共招收约 43 万名本科生。[1] 加州州立大学服务于不同的学生群体。本科生中有一半是有色人种，三分之一是家庭中第一个上大学的子女，几乎一半是佩尔助学金获得者。2009 年以来，通过两个不同的毕业提升计划，加州州立大学系统一直致力于提高学生的毕业率。通过“2025 毕业提升计划”，加州州立大学系统不仅注重提高总体毕业率，而且注重缩小弱势群体学生与其同龄人毕业率之间的差距，并减少所有群体获得学位的时间。课程改革行政令是加州州立大学系统总体战略的一部分，旨在帮助更多学生取得学业成功。

许多在非学分课程中开始大学学习生涯的学生从未注册通识教育课程或获得过学位，而且，许多注册通识教育课程的学生如果不学习这些课程，也会取得学业成功。在全美范围内，一些州的立法机构对此作出了回应，它们颁布了多种课程设置政策，这将减少被安置在补习课程中的学生人数，并提供有额外

---

[1] BRACCO K R, et al. College - ready in the California State University system: Campus experiences implementing EO 1110 [R]. San Francisco, 2019: 1 -61.

学术支持的替代性学分课程。例如，2017 年，加利福尼亚州立法机关通过了 AB705 法案，该法案要求该州社区学院尽量减少补习课程的设置。加州州立大学系统的课程改革行政令呼吁加州州立大学各分校进行类似的课程改革。

加州州立大学系统各分校的多样化主要体现在以下 4 个方面。

第一，加州州立大学系统中不同学生的群体特征和入学趋势。加州州立大学 9 所分校在规模和地理位置上都有所不同，而且学生在人口统计学方面也存在显著差异。各分校学生群体的多样性和差异性主要体现在以下两个方面。一方面，贝克斯菲尔德分校和多明格斯山分校都经历了入学人数的增长，并为当地居民提供服务，这意味着它们有机会与当地的高中建立牢固的关系。贝克斯菲尔德分校 70% ~80% 的学生来自克恩高中学区，贝克斯菲尔德分校与克恩高中学区的关系非常密切。多明格斯山分校的生源主要来自洛杉矶盆地，主要服务于低收入家庭的第一代大学生群体。另一方面，洪堡分校只有 15% 的学生是本地人，其服务的人群越来越多地来自洛杉矶盆地和旧金山湾区的城市地区。随着分校对不同学生群体需求的满足，这种不断变化的人口结构衍生出学生保留率和入学率下降的问题。尽管长滩分校需要资助的学生比例低于其他分校，但其招生的增加和办学规模的扩大向课程改革行政令的实施提出了挑战。

第二，合格教师的数量和类型在各分校之间各不相同。加州州立大学系统各分校在很大程度上依赖讲师来教授书面交流课程和定量推理课程。几乎所有的分校都对其讲师库的稳定性表示了担忧。然而，各分校在教师队伍的储备和课程的师资配置上也有很大不同之处。与城市分校相比，农村分校通常拥有较少的教师资源。贝克斯菲尔德分校在很大程度上依赖当地的高中教师，这使得贝克斯菲尔德分校只能在高中课余时间安排教学，并且具有教授学士学位课程资格的教师明显不足。一些分校报告说，在重新设计的课程中聘用了一些终身教师。研究生助教的聘用也因分校而异。这取决于分校提供的研究生课程类型。旧金山分校将这些教学机会视为培养未来教师的关键，这些教师以后会在该分校及社区学院系统或其他四年制院校任教。

第三，参与设计和提供初级课程的部门因分校而异。在加州州立大学系统的 9 所分校中，英语系和数学系分别在书面交流课程和定量推理课程的设计和实施中发挥了重要作用。然而，在许多分校，其他部门也在提供这类课程方面发挥着重要作用。长滩分校和北岭分校通过英语和民族研究系开设初级写作课程。在旧金山分校，初级数学课程由哲学系、计算机科学系和心理学系等多个部门提供。这种变革使支持学生教育目标的课程变革成为可能。同时，在课程设置跨越多个系的分校，对课程重构进行协调比那些课程改革主要由一个系管理的分校更为困难。一些分校报告说，课程改革行政令促进了新委员会的建立，它使各系的教师聚集在一起讨论课程重构问题。

第四，加州州立大学系统的课程重构工作因分校而异。在实施课程改革行政令时，9 个分校在重构课程的工作上存在差异，7 个分校已经取消了书面交流课程或在课程改革行政令发布之前已经开设了所谓的拓展课程。弗雷斯诺分校和旧金山分校在取消书面交流课程方面有超过 10 年的经验。其他分校报告称，它们在实施自己的课程重构时将这两个分校视为典范。虽然已经重构定量推理课程的分校较少，但仍有一些新教师在推动这项工作，以便为课程改革行政令的实施铺平道路。例如，在 2018 年春季，北岭分校开始提供学士学位课程，旨在为学生准备通识教育统计课程。分校代表还列举了影响课程重构的加州州立大学系统倡议或指令，各分校在大学系统的指导下努力实现课程改革的目标。例如，贝克斯菲尔德分校已经完成了课程设置从一个季度到一个学期的转换，贝克斯菲尔德分校报告说，先前进行的课程重构工作为实施课程改革行政令奠定了基础。相比之下，在大学系统发布课程改革行政令时，圣贝纳迪诺分校的课程设置正处于从季度到学期的转换过程中。圣贝纳迪诺分校报告称，在此之前进行的定量推理课程的重构工作必须进行重大调整，以符合加州州立大学系统课程改革行政令的要求。❶

9 所分校都表示了对学生学业成功的承诺，并致力于实现“2025 毕业提升计划”所确立的目标。在对学生学业成功的承诺中，有一些独特的方法影响着每个分校实施课程改革行政令。多明格斯山分校描述了在学业准备不足的学生群体中为支持学生学业成功所做的几项努力。这些努力需要学术事务工作者和学生事务工作者之间的紧密合作，包括通过自我定向课程和早期课程及补充指导来支持学生的学业成功。萨克拉门托分校设立了一个学生学业成功职位，拥有该职位的人直接向分校校长报告并成为数据驱动干预课程改革的推动力量，以支持萨克拉门托分校的课程改革。该分校利用学生升学数据，将资源重新用于招聘新教师和增加学习难度较大课程的注册人数，旨在提高毕业率。在

---

❶ BRACCO K R, et al. College – ready in the California State University system: Campus experiences implementing EO 1110 [R]. San Francisco, 2019: 1 – 61.

促进学生学业成功过程中，各分校在开发跨职能协作的资源上也各不相同。长滩分校在实施课程改革行政令时高度重视其学位治理结构，这是一项促进学生学业成功的跨职能协作结构，它受到了全美的关注。

3.2.3　加州州立大学系统多样化的课程变革模式

加州州立大学系统在定量推理课程和书面交流课程中使用了并修课程模式。并修课程模式在主干课程和辅助课程之间的衔接程度和类型有所不同。课程改革的拓展模式将一个学期的课程拓展到两个学期，以便学生在学习资料上花更多的时间进行研习。拓展模式在书面交流课程中已经建立，并在定量推理课程中得到发展，特别是在科学、技术、工程、数学和统计类课程中。大多数教师报告说，当某一门课程在整个学期拥有固定的教师和学生时，这些课程重构模式的教学效果最好。各分校努力尝试不同的课程改革以更好地满足不同专业学生的需求，重点确保为科学、技术、工程、数学类专业的学生做好准备。一些分校利用补充教学、面对面辅导和在线辅导来帮助学生取得学业成功。教师报告说，鼓励学生获得这种支持可能很困难。讲授定量推理课程的教师将主动学习教学法纳入其课程教学。各分校不断地进行课程重构，以持续推进高等教育课程变革。

各分校采取了多种策略来满足课程改革行政令的要求，这些策略包括开发全新课程、重构现有课程、开发新的课程支持结构和策略以及改变教学方法。课程重构工作的重点是如何更好地根据新的多元课程设置分类为需要额外帮助的学生提供支持。虽然各分校之间有所不同，但是课程重构策略通常包括提供单学期或四分之一学期课程、附加额外支持、使用拓展模式或先修模式。加州州立大学系统课程变革模式的多样化具体体现在以下 6 个方面。

1. 在定量推理课程和书面交流课程中采用并修模式

各分校开发了一个单元或两个单元的并修课程。并修课程旨在为学生提供额外的学习支持，以帮助学生在通识教育课程的学习中提升人文素质。9 所分校提供的并修课程分为 3 类：一是支持在多个主干课程中为学生提供服务的课程，包括学生在这些课程中取得学业成功所需的课程内容和学习技能；二是与单个主干课程相关但由不同教师教授的辅助性课程；三是由同一个教师讲授的主干课程有效地将并修课程嵌入其中。考虑到学生的需求、人员配备和时间安排的限制，大多数分校尽可能确定主干课程和辅助课程之间的衔接程度和类型。❶

尽管并修模式在定量推理课程中比在书面交流课程中更为普遍，但这两门课程都存在如下情况：在贝克斯菲尔德分校，讲授作文的教师提供一个阅读实验室作为辅助课程与学生的写作课程相结合。贝克斯菲尔德分校的教师在修订课程以回应课程改革行政令的要求时，将阅读教学视为需要额外支持的一个重要部分，并因此开发了阅读实验室。讲授作文的教师与教育系讲授阅读的教师开展合作，以充分利用他们在阅读教学和考试方面的专业知识。学生一个学期内参加两次考试，在学期初的第二周进行第一次考试，以便于教师了解学生在课程目标和学习成果方面的具体优势和劣势，实施有针对性的教学。此后在学期末进行第二次考试。教师利用这些考试结果进一步完善课程教学。

在弗雷斯诺分校，数学作为核心课程旨在为学生掌握学习技能和基本的数学概念提供支持。为了掌握基本的数学概念，学生需要在一天内解决在线数学辅助课程中的一系列问题。在洪堡分校，并修课程嵌入到主干课程中，延长了主讲教师讲授主干课程的学时。作为课程重构的一部分，洪堡分校的教师决定重新设计他们在2017—2018学年实施的试点并修课程模式。试点并修课程是指需要补习教育的学生在学习通识教育课程的同时选修一门独立的无学分并修课程。试点并修课程旨在支持3种不同的主干课程，并修课程的每个部分可以兼顾来自所有学习主干课程的学生。在课程教学中，教师收到的反馈是学生不了解辅助课程和主干课程是如何联系在一起的。因此，教师随后对该课程模式进行了改革。弗雷斯诺分校在数学课程中使用嵌入式并修课程模式。教师每周有5天与同一组学生会面，不区分主干课程和并修课程的日期和时间。教师利用额外的课时将教学目标锁定在学生需要更多支持的领域。洪堡分校的教师表示，他们发现了一位教师针对同一批学生实施教学的好处。正如一位教授并修课程的教师指出的那样，这种结构使他更加灵活，当他发现有一个概念需要重新解析或以不同的方式教授时，他可以灵活处理。

---

❶ BRACCO K R, et al. College - ready in the California State University system: Campus experiences implementing EO 1110 [R]. San Francisco, 2019: 1 -61.

2. 各分校在书面交流课程中建立了较好的拓展模式

自2005年以来，加州州立大学系统的各分校不再提供英语补习教育。加州州立大学系统的9所分校有7所在课程改革行政令实施前的写作课程中实施了拓展模式。教师报告说，拓展模式被一致视为书面交流课程的有效课程模式，它允许学生在较长时间内通过写作和复习反复练习写作技能。在多个分校提供的拓展模式中，同一名教师全年教授同一批学生，课程的教学速度较慢，允许学生进行累积性学习。在一些分校，教师通过补充教学、额外的阅读或写作实践为拓展课程增加额外的辅助支持。加州州立大学北岭分校提供两个版本的拓展课程，一个包含补充教学，另一个不包含补充教学。北岭分校的写作课程由7个不同的系提供。学生可以选择在一个系上第一学期的拓展课程，在第二个系上第二学期的拓展课程。在课程改革行政令发布之前没有实施拓展模式的贝克斯菲尔德分校和长滩分校提供了两个学期的课程清单，学生在第一学期完成先修课程后进入传统的单学期书面交流课程。贝克斯菲尔德分校的教学让学生在两个学期里接受同一个老师的教学。

3. 定量推理课程中的拓展模式和先修模式

对于一些定量推理课程，加州州立大学教师开发了多学期系列课程，以提供学生学业成功所需的学术支持。旧金山分校提供为期两学期的商业微积分和预科课程。拓展性的商业微积分课程允许学生将更多的时间集中在商业实践上，以考查学生运用微积分知识解决实际问题的能力。圣贝纳迪诺分校提供四分之一、四分之二、四分之三学期的大学数学课程。在萨克拉门托分校，教师们在将重新设计的两门课程作为通识教育课程的先修条件时，对多学期课程模式采取了不同的做法。之前的两门课程有很多重叠之处，新课程根据学生的专业设计得更有针对性。新课程不是微积分课程，它是为学生学习预科课程准备的课程。负责课程重构的教师与教授第二学期课程的教师会面，询问学习第二学期课程的学生需要知道什么和能够做些什么，然后设计第一学期的课程，为学生准备下一门课程。在拓展模式中，学生在第一学期获得学士学位学分，但在完成第二学期的课程之前，学生所修的课程尚未达到通识教育的要求。北岭分校还提供先修课程，这些先修课程面向不同的学生群体。一方面，它是为打算学习科学、技术、工程、数学类课程的学生提供的；另一方面，它是为那些为了达到通识教育要求而选修统计学或定量推理课程的学生提供的。

课程修订包括对科学、技术、工程、数学类课程和其他课程的重新设计。由于顺利地通过科学、技术、工程、数学等高阶课程需要具备一定的基础知识，所以各分校都非常重视如何更好地支持学习科学、技术、工程、数学类课程的学生。许多教师认为满足这些学生的需求比为选修科学、技术、工程、数学类之外的课程的学生提供能够满足通识教育要求的课程更困难。各分校尝试用不同的方法为学习科学、技术、工程、数学类课程的学生提供两个学期的学术支持。有几个分校的教师报告说，他们既重视重构大学代数课程，又为学生的下一步学习做好充分准备，并确定如何帮助学生顺利地通过大学代数课程。贝克斯菲尔德分校和萨克拉门托分校为科学、技术、工程、数学和统计学专业的学生提供了两学期的课程安排，并为文科学生提供了一个并修课程。弗雷斯诺分校恢复了一门大学代数课程。这门课程被重新设计为先修课程，它有额外的辅修课程支持，能够为预科课程及以后的课程做好准备。❶

加州州立大学各分校的受访者指出，从某些方面来说，大学代数课程是最难掌握的课程，学生需要对其掌握到一定程度以便为后续课程打好基础。因此，该课程是资源投入最多的课程。随着以大学代数为重点的发展性课程的取消，学生有机会学习多种课程，这些课程旨在更好地顺应学生的专业需求。

长滩分校的教师为选修科学、技术、工程、数学类课程的学生创建了一个拓展的大学代数课程，该课程包含了并修课程的支持。校方对所有数学课程使用了并修课程模式，确保在拓展模式中学习科学、技术、工程、数学类课程的学生获得额外的学术支持。学生在完成第一门课程后获得通识教育学分，这使得该课程具有双重作用：一个学期后决定不再主修科学、技术、工程、数学类课程的学生可以在第一学期结束后满足校方的通识教育要求；继续学习大学代数课程的学生则得到了他们所需的学术支持，可以继续学习预科课程和其他课程。这种并修课程模式采用了讲座和分组讨论的形式，获得学术支持的学生可以参加分组讨论。

加州州立大学的一位受访者指出，课程重构的正面效应是扩展了他们对定量推理课程的看法。布拉科（Bracco）等人认为，如果学生为了学习定量推理

---

❶ BRACCO K R, et al. College – ready in the California State University system: Campus experiences implementing EO 1110 [R]. San Francisco, 2019: 1 – 61.

课程需要额外学习3门无学分课程，那么传统的数学课程并不能很好地为学生服务。[1] 一些分校的教师以课程改革行政令的实施为契机，启动了新的定量推理课程，旨在满足某些学生的需求，这些学生选修了科学、技术、工程、数学类课程之外的课程。当课程改革行政令发布时，长滩分校计划开发一门新的定量推理课程，即“数学的力量”。由于该课程符合新政策规定，教师们得以完成新课程的开发。该课程面向选修科学、技术、工程、数学类课程之外课程的学生。旧金山分校以课程改革行政令的实施为契机开发了一门社会公正统计课程，教师很早以前就想开设这门课程。该课程面向麦德龙学院参与学业成功计划的学生。教师向学生讲授统计学并引导学生应用统计学解决社会公正问题。该课程的目的是为统计学的研究提供更多实例。该课程有两个版本，一个是传统的三单元课程，另一个是四单元课程，课程中嵌入了对代数概念的额外支持。四单元的课程包括额外的支持时间，允许教师讲授额外的案例并强调基本的数学概念。课程设计者邀请数学系主任参与课程审核，以确保该课程符合数学系的严格标准。这些课程于2018年秋季首次试点。受访教师强调，他们会继续完善这门课程。

4. 各分校广泛提供补充教学和辅导

加州州立大学系统的大多数分校都使用某种形式的补充教学为学生提供额外的学术支持。补充教学通常是选择性的、由同伴指导的辅助性课程，这类课程由学生在每学期开始后注册。有的分校将补充教学作为学生的主要辅助手段，有的分校则将补充教学作为课程的附加辅助手段。除了提供与课程直接相关的学术支持，所有分校都为学生提供额外的辅导机会。这些辅导通常由数学实验室和写作中心来完成。加州州立大学系统的各分校运用不同的策略鼓励学生利用各项学术支持。一些分校（如多明格斯山分校）已采取措施协调和改善他们的导师培训，以便在学生寻求支持时减少潜在的不足。在萨克拉门托分校，教师试图通过在课堂上展示补充教学来选拔学生导师，以此提高学生的成绩。

多明格斯山分校最近进行了一些改革，以加强学术事务人员和学生事务人

[1] BRACCO K R, et al. College - ready in the California State University system: Campus experiences implementing EO 1110 [R]. San Francisco, 2019: 1 - 61.

员之间的合作，并更好地支持学生。学业辅导已经成为各分校发展战略的核心部分。位于多明格斯山分校校园中心的托罗辅导中心为此提供全面支持。教师在辅导中心的办公时间向学生介绍该中心，鼓励他们利用该中心的资源以减少学生寻求辅导的胆怯感。为了加强辅导服务，各分校非常重视导师培训，在开学时为导师和补充教学教师举行同伴教育者会议。这项培训是辅导中心的工作人员与教师、学生事务工作人员和职业中心工作人员合作完成的。

5. 一些分校尝试在线辅导

尽管分校为响应课程改革行政令而增加的大部分额外支持包括更多的面对面教学，但各分校也利用在线教程为学生提供学术支持。在贝克斯菲尔德分校，数学教师使用一种名为 XYZ 的教学产品，为那些在概念上有困难的学生提供在线作业、视频和教程。在弗雷斯诺分校，参加并修课程的学生每周花一天时间在 ALEKS 学习。ALEKS 是一个基于网络的评估和学习系统，涵盖了教师认为所有学生都必须掌握的模块。其他分校则使用在线辅导门户网站让学生能够每天 24 小时提出问题并获得支持。虽然目前还不知道在线支持的效果如何，但教师认为，能够引导学生获得这些支持为学生学习提供了另一种选择，这能够帮助学生理解和掌握困难的概念。

6. 主动学习教学法被纳入定量推理课程

由于重新设计了课程，一些分校的定量推理教师希望将课程从传统的大型讲座模式过渡到采用主动学习和问题解决教学法的小班教学。主动学习教学法通常采用小组形式，让学生通过实际应用来理解概念。作为课程设置从一个季度到一个学期转换过程的一部分，圣贝纳迪诺分校的数学系已经采用了这样的方法，这是基于将主动学习教学法与提高学生学业成功率联系起来的研究成果。教师们报告说，他们受到了旧金山分校和亚利桑那州一些高校的启发，将主动学习和问题解决教学法应用到修订后的数学课程中。

3.2.4 加州州立大学课程变革中的师资配备模式

各分校严重依赖兼职教师来教授书面交流课程和定量推理课程，并且各分校教师库的稳定性各不相同。各分校能够为教授新课程的教师提供一些专业发展的培训机会，但这种培训的资金是有限的。定量推理课程的协调人员经常承担非正式的专业发展组织工作。一些分校的书面交流课程有高质量的专业发展培训。受访者普遍认为投资组合评估是教师培训的最佳实践，但这种实践仅在少数分校实施。一些分校为承担补充教学和辅助教学的研究生和本科生提供了高质量的教学培训。

1. 兼职教师教授大部分初级课程

加州州立大学各分校主要依靠兼职教师教授书面交流课程和定量推理课程。这些教师通常按课程收费，许多教师在多个教育机构任教，这些教育机构包括加州州立大学各分校、社区学院和高中。为了有资格在加州州立大学教授学士学位课程，教师必须至少拥有硕士学位。发展性课程的取消意味着一些分校需要聘请能够教授学士学位课程的新教师。不管教师是新来的还是已经在校园里任教多年的，大多数分校代表指出，分校为响应课程改革行政令而作出的课程和教学改革需要与这些教师进行持续的沟通并向他们提供专业发展的机会。

2. 定量推理课程的协调人员提供非正式的专业发展支持

定量推理课程的重构涉及许多不同的课程，这些课程通常涉及多个学科。如前所述，各个分校的课程往往在内容、结构和教学方法上有所不同。这些不同意味着个别课程往往须有针对性地重新设计。在许多分校，定量推理课程的协调人员负责编写教材、教师手册、通用教学大纲、通用试题等资料，课程协调人员的工作既支持教师，也保证各课程在时间上的一致性。课程协调人员还承担了为特定课程组织教研活动的职责。这些教研活动有许多是非正式的，包括通过虚拟账户分享课程教学经验和试卷模板（虚拟账户是一个提供同步本地文件的网络存储在线应用系统）。

加州州立大学各分校受访者指出，当教师遇到困难时可以联系课程协调人员。课程重构期间，教师组织了模拟考试。课程协调人员做得最多的事是不断地给教师发邮件。除了在年初开个会，课程协调人员没有什么正式的学术工作。课程协调人员没有像授课教师那样的英语培训。

一些分校为讲授定量推理课程的教师组织开展了较为正式的专业发展活动，其中一些活动得到了课程改革行政令基金的支持。旧金山分校在学期开始前为新任助教和讲师举办了专业发展研讨会。研讨会的内容包括对个别课程信息进行概述，将主动学习策略运用到课程教学中，指导教师引导学生获得额外的学术资源，如学术咨询和辅导。参加过这些培训的教师表示，他们发现这些培训有一定的价值，特别是对课程和其他授课人员的介绍。一些受访者表示，校方需要围绕课程内容和教学策略对新任教师进行更具体的持续培训。

3. 书面交流课程往往有高质量的教师专业发展培训

在加州州立大学的多数分校，从事书面交流课程教学的教师的专业发展活动是通过大学一年级的写作课程来开展的。那些有更健全的课程体系的分校为他们的写作教师建立了专业的学习社区。通过这些学习社区，教师可以在整个学期频繁见面，交流想法，讨论教学中遇到的难题并相互提供帮助。在北岭分校，写作课程的重构需要多个部门的全面协调。一些分校的受访者报告说，他们在写作课程的改革中试行了同行观察法。受访者认为，投资组合评估是教师专业发展培训的最佳实践，但这一实践尚未得到广泛实施。虽然有些分校有作业批改制度，但其他分校没有资源或能力开展这项工作。一个分校的校长指出，为达到规范化的目的，以前校园管理人员在支配教师的时间方面拥有较大的自由度，那时教师批改学生的作业是有经费补偿的，后来该分校失去了这种有偿批改作业的资源。在书面交流课程中，参与档案袋评估的教师不仅能够衡量评估材料的一致性，而且还能够改进自己的课堂教学。

加州州立大学的一位分校受访者指出，在档案袋评估会议上，教师会带来一系列作业的样本。教师会阅读这些样本并相互给予反馈，进而讨论哪些有效、哪些无效。教师还会注意到哪些方面工作得很好，如何促进学生不同类型的回答，以及如何结合自己的教学活动来开展工作。这不仅有助于教师获得教学工作的实际反馈，而且只要看到学生的各种各样的书面交流材料，他们就会产生很多想法。北岭分校在6个不同的系（英语、非洲研究、奇卡诺人研究、亚裔美国人研究、中美洲研究和语言学）提供了两个版本（两个学期和一个学期）的大学写作课程。虽然教师可以自由选择写作主题和阅读材料，但大学写作委员会致力于创建一个在所有方面都相似的课程结构。课程内容包括关注类似的发展主题和类似的项目。大学写作委员会在学期初为所有系的教师举办一次培训，并通过书面交流课程在不同系教师之间建立联系，培养不同系教师的团体意识，把他们打造为一个极具凝聚力的教学团队。

4. 一些分校为承担补充教学和辅助教学的本科生和研究生提供了高质量的培训

由研究生充当的本科生导师和由本科生充当的补充教学人员是许多分校提供初级定量推理课程和书面交流课程教学的关键师资，各分校为此建立了培训机构。一位定量推理课程的协调人员指出，这种培训对于由研究生充当的本科生导师和由本科生充当的补充教学人员来说是极其重要的，它有助于指导这些研究生和本科生引导学生使用更主动的学习方式，在这种学习方式中学生需要进行更多的思考。旧金山分校通过学分制课程并利用共享办公空间、在线资源和首席讲师办公时间为由研究生充当的本科生导师提供专业发展的机会。由研究生充当的本科生导师和由本科生充当的补充教学人员的专业发展包括教师研讨会、课堂观摩等活动及关于文化响应教学法和差异化教学等问题的具体培训。加州州立大学的一位受访者指出，对所有研究生助教最好的培训不一定是做课程规划，而是为他们提供一些教学资料。圣贝纳迪诺分校试行了一项教师访问计划，该计划由一位作文教师协调。通过这种促进教师专业发展的工作，任何教作文的教师，不论是终身教师还是讲座教师，都可以邀请其他教师进行教学观摩。学校鼓励教师在教学观摩之前召开会议，讨论当天的课程内容和教学目标，然后在观摩结束后召开后续会议，进行教学反思和反馈。作文协调人员在年底对教师进行调查，以了解书面交流课程改革的意义及如何持续改进。

3.2.5 加州州立大学系统2018年秋季学期的课程设置模式

加州州立大学分校工作人员普遍同意取消英语等级考试和数学入学考试。尽管课程的自我定向设置在书面交流课程中比在定量推理课程中更为常见，但许多分校受访者报告说，课程的自我定向设置取得了成功。课程改革要求分校在学术事务和学生事务方面做出协调并形成新的协作机制。实施课程改革行政令的一个主要变化是取消了使用英语等级测试和数学入学考试来确定学生在书面交流课程和定量推理课程中的课程安排。课程改革行政令呼吁各分校采取多项措施，综合高中成绩和入学考试成绩来确定学生的课程设置。除了修订和发展课程以满足课程改革行政令要求外，各分校还要实施多样化的测试政策。加州州立大学系统的课程改革行政令影响了各分校的教育教学实践和进程。在各分校，从招生、对外服务到学术咨询、学术定向均受到课程改革行政令的影响。

1. 大多数受访者认为先前的入学考试没有很好地服务于学生

受访者普遍认为，作为对学生的入学测试，加州州立大学需要取消英语等级考试和数学入学考试。虽然许多受访者对课程改革行政令规定的多项具体措施是否是正确的课程设置指标有疑问，但很少有人主张恢复以前使用的课程考试。虽然各分校使用了多种衡量标准来确定初始课程设置，但多个分校的教师报告说，让学生有机会使用额外的课程设置测试来提高课程设置的水平有好处。因此，一些分校使用了一种在线自适应评估工具和其他课程设置测试工具为学生课程设置提供一些额外的信息和灵活性。

2. 自我定向课程设置在写作课程和数学课程中的应用

根据自我定向课程设置，大多数分校允许学生选择是否参加一学期或两学期的写作课程。有几个分校的学生报告说，自我定向课程设置取得了成功，它既可以作为一种课程设置机制，也可以为学生提供服务和反思的机会。每个分校都设计了自己的课程测试工具，其共同目标是帮助学生进行自我反思。自我定向课程设置允许学生选择最适合自己需要的初级写作课程。在萨克拉门托分校，教师们以定向－学习－理解为工具在数学课程中试行一种自我定向课程设置。这项计划的目的是帮助学生确定哪门数学或统计学课程适合他们。教师鼓励学生在入学前完成定向－学习－理解数学测试。定向－学习－理解包括对不同定量推理课程的描述及一系列供学生完成的活动，包括对数学技能和数学基础知识的定量推理活动。根据学生的反馈，定向－学习－理解计划提出了设置最佳课程的建议。所有新生都必须参加定向－学习－理解测试。

在弗雷斯诺分校和旧金山分校这两个多年实施自我定向课程设置的分校，大约一半的学生选择参加为期两个学期的拓展课程。两个分校的受访者都报告说，不论是拓展课程还是单学期课程，学生的学业成功率都很高。虽然大多数分校的教师支持使用自我定向课程设置进行写作教学，但一些分校并没有朝这个方向发展，这些分校也不倾向于这样做。一些受访教师认为，课程设置并没有通用的模式，自己所在的分校最适合作出课程设置决定。他们更愿意选用多种课程设置模式，而不是一个自我定向课程设置。虽然自我定向课程设置被广泛应用于写作课程，但它在数学课程中的应用并不那么广泛。萨克拉门托分校是个例外，它在试行一种数学自我定向模式。弗雷斯诺分校开展了几项活动，重点是与顾问们就数学自我定向设置和数学的教学改革进行沟通。作为弗雷斯诺分校课程改革的一部分，大学咨询中心每月举行一次顾问会议，它邀请数学系主任和招生代表提供关于新课程设置的培训。培训是在一个在线平台上进行的，以确保无法参加培训的人可以获取这些信息。此外，大学咨询中心还提供数个开放论坛，以数学系主任和本科生研究院院长为顾问，由他们帮助各学院提出并界定各自的具体问题。大学咨询中心和数学系联合开发讲义，指导教师可以利用这些讲义引导学生进入正确的课程序列。

3. 实施多种课程改革措施需要学术事务和学生事务的协调

多项课程改革措施涉及大量人员，包括招生工作人员、负责注册的工作人员、招生管理人员、学生学术顾问、课程协调人员、迎新领导人和授课教师。为了尽可能顺利地实施课程改革，大部分分校都成立了课程改革行政令实施小组。这些小组的目的是讨论课程改革，协调实施新课程设置计划，并与不同的利益相关者交流课程改革经验。在校园里，课程规划小组与迎新领导人密切合作，确保在数学和写作的安排上协调一致，以简化学生的学习过程。一些校园受访者报告说，他们定期与教职员工举行会议，并向理事会提出建议，以确保学生学术顾问们意识到课程改革行政令带来的变化。另一些分校有一个专门研究如何更好地与学生沟通的委员会。在课程改革中，协调多种措施的信息需要共享，并确保信息是积极的且以学生为中心。与专门关注课程改革行政令不同，负责与学生沟通的委员会向学生传达的信息侧重于根据学生的专业指导学生选择正确的课程。一些分校使用各种手段在整个学期跟踪学生的学业进程，以确保学生学业成功。

3.2.6　分校视角下的加州州立大学系统课程变革

加州州立大学系统各分校认为，为期一年的课程改革时间是最大的挑战。分校的受访者基本上同意取消非学分课程，分校的受访者认为大学系统校长办公室加快了以学生为中心的课程变革。分校的受访者希望大学系统校长办公室尽早让分校教师参与制订课程改革计划，以建立基于分校的课程改革制度，并在未来的课程推广过程中与分校进行更清晰的沟通。针对大学系统校长办公室为支持课程改革行政令提供的资源，各分校提供的反馈不一。各分校要求大学系统提供可持续、灵活的资源支持，以更好地满足分校的需求。各分校希望大学系统校长办公室在推出相关计划方面进行更多的协调，以帮助分校进行综合规划。

各分校受访者针对大学系统校长办公室推出的课程改革行政令提出了自己的看法，并指出了课程改革的正面效应和存在的问题。一方面，许多人认为有必要取消非学分课程，并承认课程改革行政令既使各分校产生了变革课程的紧迫感，也为课程变革创造了一些必要的条件。另一方面，虽然各分校普遍认同课程改革行政令的目标，但一些分校受访者认为，课程改革还存在一些具体问题，特别是与课程改革的实施时间、课程改革参与者之间的沟通、教师的参与有关的问题。加州州立大学系统课程改革涉及以下 8 个方面的重要主题，这些主题对后续的课程改革产生了影响。

第一，为期一年的课程改革实施时间被认为是一项重大挑战。在短短一年内实施课程改革行政令是各分校面临的最大挑战。受访者指出，在短短的一年内，教师没有足够的时间进行以课堂经验为基础的迭代式课程重新设计，分校没有足够的时间对教师进行主动学习等新教学方法的培训，分校没有足够的时间让各系遵守大学系统教务委员会规定的课程批准程序。受访者报告说，他们需要继续根据对新课程的评估进行反复的重新设计，并持续开展教师专业发展工作，因为重新设计的课程经常由不同的教师讲授。受访者指出，课程改革工作需要持续进行。因此，大学系统需要在第一年提供的资源之外继续对课程改革进行投资。

第二，分校受访者基本同意取消非学分课程。分校受访者基本上同意课程改革行政令的总体理念，即各分校需要制定非学分课程的替代方案。在一些分校，人们对课程改革表示怀疑，他们怀疑学生在没有补习课程的情况下能否取得好成绩，或者担心新的初级课程达不到本科生培养的质量要求。不过，总的来说，大多数受访者表示同意课程改革行政令的总体改革目标，即帮助学生直接进入学士学位课程并在学业上取得成功。事实上，在课程改革行政令发布之前，许多分校已经取消了针对书面交流课程的补习教育，开始了定量推理课程和书面交流课程的重新设计工作。

第三，课程改革行政令使各分校产生了一种紧迫感，并推进了重要的跨部门课程重构工作。许多受访者承认，为期一年的课程改革时间虽然提出了重大挑战，但使各分校产生了课程改革的紧迫感，推进了重要的课程重构工作。在有些情况下，课程改革行政令有助于创造条件就课程改革进行富有成效的跨部门对话。在许多分校，由于课程改革行政令的实施涉及不同部门，共同负责课程改革实施的教师都参与了分校的综合规划工作。在一些分校，课程改革参与者之间的对话需要讲授定量推理课程和书面交流课程的教师的共同参与，课程改革促成了非同寻常的跨学科对话。课程改革行政令规划团队在一些分校聚集了学生事务工作人员和学术事务工作人员，以便这些工作人员在改进补充教学、学业辅导、学术支持等方面进行更多的合作。许多受访者认为这些是课程改革行政令最大的好处之一。

第四，大学系统校长办公室应认可各分校的创新，并鼓励分校在已经取得的成功的基础上再接再厉。大多数分校受访者认为，加州州立大学系统的治理过于强调自上而下，大学系统为教师提供的发展机会不足。一些教师认为自己错失了机会，无法发挥自身的专长，因为校方已经取消了各个学科领域的非学分课程，他们被迫转而开展学科前沿教学。受访者表示，大学系统校长办公室本可以做更多的工作来认可和巩固许多分校已经取得的成功，以实现同样的目标。管理人员认为，一些分校的课程改革缺乏足够的教师参与，这激起了一部分教师对课程改革的抵制情绪，甚至那些普遍赞同大学系统课程改革目标的教师也是如此，这使各分校的课程改革工作更加困难。当加州州立大学系统管理人员思考为什么需要变革及他们需要设计什么政策来推动各分校发展的时候，各分校希望大学系统办公室人员把更多的时间花在分校。这需要借鉴共同治理中的教师参与理念，参与课程改革的教师深知分校的课程改革工作该如何运作。

第五，各分校受访者希望大学系统办公室与各分校进行清晰、透明、基于事实依据的沟通。受访者表示，大学系统办公室与各分校之间的沟通过于强调自上而下，且大学系统办公室与各分校的沟通往往缺乏清晰度和透明度。各分校注意到，大学系统办公室对于课程改革中常见问题的解答通常很难理解。一些分校的课程改革人员所提出的问题并不总是能得到大学系统办公室明确的答复，大学系统办公室不同的人或部门有时会对同样的问题给予不同的答复。分校的受访者还报告说，不断变化的要求和规章制度使分校的课程改革工作及与学生、家长和附属高中的沟通更复杂了。有些受访者指出，大学系统与分校之间缺乏良好的沟通。有些受访者指出，大学系统办公室与各分校之间的沟通需要保持连贯并清晰，大学系统办公室与公众之间的沟通必须有各分校的积极参与。只有各分校充分参与大学系统办公室与公众之间的沟通，加州州立大学系统与公众之间的沟通才不会前后自相矛盾。加州州立大学系统的受访者认为，在大学系统与各分校之间缺乏开放的沟通渠道。

第六，各分校受访者对大学系统办公室为支持课程改革提供的资源给出了不同的反馈。大学系统办公室提供专项资金支持分校的课程改革工作。2017—2018 学年和 2018—2019 学年，加州州立大学系统平均每学年拿出 7 500 万美元用于支持“2025 毕业提升计划”。此后，加州州立大学系统继续提供了用于支持“2025 毕业提升计划”的资金。在那段时间内，大学系统校长办公室又一次性拨出 1 472 万美元的经费给分校以进一步支持学生取得学业成功，其中 667 万美元用于课程改革计划的具体实施。各分校在项目和部门之间的资金分配上拥有一定的自主权。2017—2018 年，课程重新设计是课程改革资金使用的重点。大学系统办公室还为各分校教师提供了参加专业发展会议的机会。虽然一些受访者对大学系统提供的这些资源表示赞赏，认为这些资源很有用，但另一些受访者表示，分校需要提高这些资源的利用效率。

关于资金补助，各分校最常见的反馈是难以用一次性资金维持课程重构工作。分校受访者指出，聘请导师、推动教师的专业发展、评估课程及设计迭代式课程需要持续的资金投入。一些受访者指出，申请资金的过程一直很有挑战性。一位分校受访者说，这些资金附加了参加特定校长办公室培训的规定，这使得招聘教师变得困难，因为有些教师不愿意参加校长办公室组织的培训。而且，各分校在如何使用资金方面应有更大的自由度，这使分校能够酌情考虑自身的需要。另一位分校受访者指出，教师没有足够的时间参与有意义的提案制定，短暂的一年时间让分校在课程改革中处于被动地位。

分校受访者认为，过多的组织层级阻碍了教师对课程改革决策的战略思考。大学系统校长办公室向教务长下达课程改革的指令，教务长把大学系统的指令传达给院长，院长再把课程改革的指令传达给系主任，等教师收到课程改革提案的时候，可能一个月过去了。因此，教师没有充分的时间对课程改革进行战略性思考。

第七，大学系统办公室组织的会议对跨校园交流有一定的价值，但总体上还不能满足各分校对专业发展的多样化需求。分校受访者表示，大学系统办公室组织的会议的效果最好，因为这些会议为各分校提供了相互交流的机会，各分校能够就如何应对课程重新设计的挑战分享经验与教训。也有受访者认为，大学系统办公室的提议没有用，尤其当大学系统办公室提出一种解决方案而不是提供一种比较方法时。受访者说，这些会议多与数学教学改革有关，很少涉及写作教学的改革。几位受访者认为，大学系统办公室为教师提供资助，让他们参加有关类似主题的学科会议或提供专业发展机会，比大学系统办公室提供的会议更有价值。分校受访者也对大学系统办公室组织的会议的意义表达了不同看法。虽然有一些人认为参加大学系统办公室组织的会议是用特定时间开展校园对话的有用方式，但至少有一位受访者表示，教师有足够的时间在校园内开展对话，不需要为此召开会议。

第八，分校受访者列举了分校同时实施多项课程改革计划给分校带来的挑战。许多分校受访者提到了同时推出的多项改革举措带来的挑战，包括“2025毕业提升计划”、一系列行政令、季度课程的调整及学期课程的调整。在一些人看来，大学系统校长办公室的不同部门一直在密切关注不同的改革举措，但目前尚不清楚是谁在协调这些举措对校园的整体影响。在某些情况下，利用现有的治理结构和机制，分校能够有效地从一项工作转换到另一项工作，这些治理结构和机制是校园在其成功的管理基础上发展起来的。然而，在其他案例中，分校受访者列举了课程改革所产生的负面效应。这些校园受访者认为，课程设置周期从季度到学期的调整及早期对课程的修订不符合课程改革行政令的要求，这些课程改革产生了额外的工作。一些利益相关者表示，多重改革的累积效应导致了他们所说的主动疲劳。

3.2.7　加州州立大学系统课程改革行政令的未来

来自加州州立大学 9 个分校的调查结果表明，总体而言，各分校积极参与课程重新设计工作以符合加州州立大学系统课程改革行政令的要求，其课程重构建立在以学生为中心的理念和对当地校园环境的深刻理解之上。参与课程重构的人能够从大学系统的指导和支持中获益，这些指导和支持使他们既能够实现加州州立大学系统的目标，也能够考虑各分校的独特需求、资产情况和劣势。加州州立大学系统课程改革行政令的实施对两个领域有特别的影响：一是分校领导层和大学系统校长办公室如何继续支持课程改革行政令的实施工作；

二是大学系统校长办公室如何推出着眼于学生学业成功的未来计划。

1. 加州州立大学分校和系统对于课程改革的持续支持

截至2019年年初，加州州立大学的课程改革行政令实施了一个学期，各分校的课程改革工作仍处于初期阶段。然而，9所分校的受访者表示，他们的课程改革取得了重大进展。他们还认识到了课程改革所面临的具体挑战，并指出了分校领导层如何继续支持课程改革及大学系统办公室如何以最有效的方式提供指导、资源和支持。为确保课程改革行政令的实施取得成功，受访者从以下4个方面为分校和大学系统办公室提出建议：支持数据驱动的迭代式课程重构以提高学生的学业成功率；支持教师的专业发展工作以确保课程结构的一致性；为分校实施多项课程改革提供更大的灵活性，并确保与主要利益相关者的有效沟通；提高教学管理能力。❶

（1）支持数据驱动的迭代式课程重构以提高学生的学业成功率

尽管各分校在2018—2019学年对课程进行了重大调整，但大多数分校受访者认为，在评估课程改革的有效性并考虑持续改进以进一步支持学生取得学业成功时，分校有必要进行额外的课程变革。受访者认为，使用数据评估课程改革的有效性非常重要。他们认为，课程改革行政令下的课程改革是必要的，并对课程改革行政令的短期效应和长期效应有许多共同的看法。然而，大多数分校缺乏资金和相应的治理结构来执行严格的数据分析制度。

有时候，各分校在课程评估中实施了一些创新。然而，这些创新受到资金不足的制约。许多受访者观察到，对书面交流课程实施档案袋评估存在挑战，因为他们的分校没有足够的资金激励教师为此付出额外的劳动。类似的挑战也存在于定量推理课程中。在定量推理课程中，收集学生考试中常见问题的证据需要教师投入大量时间。

分校受访者还发现，有必要了解学生在重构的通识教育课程中的表现如何以预测长期的改革效应。大多数分校的教师指出，虽然学生的初级课程的通过率很重要，但从长远来看，最重要的是了解学生的学业成功情况。受访者表示，他们想知道参加过拓展课程的学生在未来的写作强化课程或高级写作课程

❶ BRACCO K R, et al. College－ready in the California State University system：Campus experiences implementing EO 1110［R］. San Francisco，2019：1－61.

方面，与参加过单学期写作课程的学生相比表现如何。同样，教师们也想知道在新的通识教育课程中完成不同数学课程的学生如何在后续的数学课程和其他课程中取得成功。受访者表示，他们特别想知道重构的数学课程是否足以使学生在高要求的科学、技术、工程及数学类课程中取得成功。

分校领导可以通过组建多功能团队来解决这些问题，从而支持迭代式课程设计。受访者指出，在课程改革行政令实施的第一年，课程改革的一个正面效应是促进了跨部门的对话与交流。课程改革鼓励相关教师与负责修订初级课程的人员、负责培训本科生导师的人员、补充教学负责人和其他学术支持提供者等工作人员之间的对话与交流，跨部门对话对于加强主干课程和辅助课程之间的联系至关重要。此外，通过跨部门对话了解学生对后续课程的准备情况非常重要。各分校的院校研究中心在评估课程改革有效性所需数据方面发挥着重要作用。在可能的情况下，分校领导人应鼓励院校研究人员与课程改革教师合作进行相关研究。

一些受访者说，他们的校园拥有实力雄厚的院校研究中心，这些院校研究中心有能力和资源进行课程改革的长期研究。另一些受访者指出，捐赠资助支持了他们的一些以数据为依据的课程评估工作。然而，对于许多分校来说，它们需要额外的资源来支持课程评估，以确保课程改革行政令下课程变革的有效性。大学系统办公室对课程评估工作的支持和资源的协调有助于确保课程评估不会因资源限制而受到轻视或忽视。[1]

（2）支持教师的专业发展工作以确保课程结构的一致性

受访者指出，各分校有必要更新教师队伍并推进可持续的教师专业发展，以确保不同的教师在重构课程时保持课程结构的一致性。虽然大多数分校进行了一些努力以推进教师专业发展，并支持课程改革行政令下的课程改革，但所有分校的教师都指出，教师的专业发展工作仍有待于进一步改进。例如，教师专业发展活动大多是通过一次性资金支持的，有些活动可能没有任何专门的资源，例如，课程的指导教师对其他教师的非正式指导。

在课程改革中，兼职教师的聘用带来了一些独特的挑战。例如，兼职教师通常按课程收取报酬，兼职教师的教学合同不包括用于促进兼职教师专业发展

---

[1] BRACCO K R, et al. College - ready in the California State University system: Campus experiences implementing EO 1110 [R]. San Francisco, 2019: 1 - 61.

的经费。许多受访者指出，各分校需要将促进兼职教师专业发展的费用计入教师教学合同的薪酬支付中。兼职教师的授课时间也是一个问题，因为许多兼职教师在多所院校任教，这使得安排每个兼职教师都可以参加的专业发展活动变得较为困难。各分校还受困于持续为补充教学教师和本科生导师的培训提供资金。

受访者还表示，确保同一课程各个部分的一致性是一项持续的挑战。此外，许多受访者指出，当一门辅助课程由不同于其主干课程的教师授课或辅助课程支持一门以上的主干课程时，如何有效整合主干课程和辅助课程的内容是一个挑战。一些分校成功地利用课程协调人员来应对这些挑战，因为课程协调人员为教授同一门课程或辅助课程的教师提供专业发展机会并为此承担一些协调工作。多名受访者认为课程协调人员的工作是一项重要工作，分校领导人应该在课程改革参与者之间发起对话，以确定课程协调人员的责任、报酬和保证对课程协调人员工作的持续支持。[1]

对于写作课程，大多数受访者认为课程档案袋评估是确保同一课程各个部分教学一致性和教学质量的最佳途径。课程档案袋评估对教师的专业发展和学生的学习评估都有好处。然而，受访者表示，很少有分校能够获得持续的资金实施课程档案袋评估。

作为课程重构的一部分，教学方法的改革也受到各分校的广泛关注。许多分校的课程教学已经转向主动学习教学方法。在新的课程改革理念的引导下，教师从传统教学法过渡到主动学习教学法。这种教学方法的转变有助于促进教师的专业发展。尽管加州州立大学的每个分校都设有教学中心用于支持教师助力学生学习，但这些教学中心用于支持教师专业发展的资金不足。分校领导层需要采取措施促进跨部门对话。分校领导层还需要针对教学中心是否与部门合作以及如何与部门合作开展深入讨论，并为此提供可持续的资金支持。

(3) 为分校实施多项改革提供更大的灵活性并确保与主要利益相关者的有效沟通

9 所分校的反馈表明，新的课程设置在实施的第一年带来了重大挑战。其中一些挑战只是一次性的，这是因为需要在很短的时间内改造现有的课程体系

---

[1] BRACCO K R, et al. College – ready in the California State University system: Campus experiences implementing EO 1110 [R]. San Francisco, 2019: 1 –61.

和数据系统。然而，受访者认为各分校面临的其他挑战仍在继续，如果没有大学系统办公室的大力支持，分校是无法迎接这些挑战的。

高中成绩单的获取时间成为所有分校实施课程改革面临的重大挑战。由于课程改革要求核实学生的高中成绩，包括高中数学成绩，学生课程设置最终只能在夏季学期开始前进行。高中成绩单的获取时间给分校课程改革带来了挑战，因为教师试图与学生明确沟通有关课程设置的问题，并努力让学生顺利地入学，特别是对于那些需要在夏季提前入学的学生。在许多情况下，学生来到加州州立大学分校进行入学培训时，课程设置甚至还不确定，这给学生秋季课程的安排带来了挑战。加州州立大学系统层面需要努力应对这一挑战以便寻找其他办法加快学生高中成绩单的获取。如果这一举措被证明是不可能的，加州州立大学系统应就分校如何在了解学生的高中成绩之前为学生妥善地设置课程提供指导。一个可能的选择是依据学生在中学第 7 学期的成绩来确定课程设置，这需要在 1 月份获得学生的高中成绩单副本。[1]

在课程改革行政令颁布之前实施自我定向课程设置的分校，受访者尚不清楚他们的自我定向课程是否能够与当时设计的其他课程相互兼容。自我定向课程设置基于这样一种理念，即学生在教师的指导和反思下，分校需要有相应的机构来决定学生的课程设置，主要是初级写作课程。这些受访者希望能灵活地保留已被证明成功的自我定向课程设置方法。一些受访者还表示，当学生的课程设置有误或陷入困境时，各分校需要灵活地制定一个程序以替代先前的课程设置。

尽管大多数教师和管理人员都认为放弃高风险测试来确定课程设置很重要，但许多人也对各种各样的课程设置原理提出了疑问。例如，一些人质疑为什么选修书面交流课程的学生如此之少。关于定量推理课程，一些受访者发现了课程改革产生的悖论，这些悖论造成了对不同课程基本原理的混淆。例如，一位受访者指出，一名高中生如果不上四年级的数学课，而去上一门旨在提高学生平均成绩的课程，可能会比上四年级数学课且分数低于加州州立大学分数线平均水平的学生名次更高，尽管后者可能比前者在学业上准备得更充分。几位受访者指出，加州州立大学系统办公室为课程改革的有效性及课程设置作出

---

[1] BRACCO K R, et al. College – ready in the California State University system：Campus experiences implementing EO 1110［R］. San Francisco, 2019：1 –61.

了努力，它要求与分校进行持续的循证沟通，以帮助分校更好地理解课程改革背后的基本原理。

随着加州州立大学系统办公室继续就课程改革提供指导和信息，分校需要确保与学生关系最密切的人员建立清晰的沟通程序。分校应利用现有的本科生导师培训活动与系主任和院长进行持续对话，并确保本科生导师了解课程设置和课程选择。为确保课程改革人员能够帮助学生交流课程选择经验，并使学生拥有适当的课程设置，课程改革顾问须向教师和系主任提出问题并讨论各种课程设置方案。

（4）提高教学管理能力

分校受访者指出，在课程改革行政令实施过程中，各分校的招生计划、课程安排和教师招聘也面临着挑战。在招生管理方面，新的课程设置使得预测入学人数变得困难。许多受访者指出，自己所在分校的招生管理具有挑战性，课程改革行政令的实施为招生工作增加了额外的复杂性。他们指出，在课程改革行政令的实施背景下，招生管理人员根据往年经验预测入学人数的能力需要提高，从而减轻上述挑战带来的影响。为有效应对各分校在招生管理工作中面临的挑战，加州州立大学系统需要为提高各分校招生管理人员的招生规划能力提供帮助。

教室安排和教室的配套设施也是一些分校关注的问题。新的课程设计需要增加新的教室及相关的配套设施以适应许多重新设计的课程所采用的主动学习教学方法。同样，适合主动学习的教室的配套设施是一个超出课程改革行政令实施范围的更大的问题，但一些受访者强调，课程改革行政令的实施工作使教室的配套设施得到了极大的改善。

分校管理人员还注意到新课程的师资配备及课程改革行政令导致的教师聘用模式的潜在变化带来的挑战。如果大多数学生像预期的那样在第一学期注册了初级书面交流课程和定量推理课程，那么秋季学期比春季学期需要更多教师来教授这些课程。然而，为了保持一个稳定的教师队伍，系主任通常要求新教师保证整个学年都能够接受教学任务。在这方面，分校领导可以召集跨职能团队，包括系主任、负责注册的工作人员、课程协调人员及分校院校研究人员，调查秋季课程与春季课程不均衡带来的影响及对教师队伍稳定性和一致性的潜在影响。加州州立大学系统办公室还需要考虑大学系统是否有机会提高分校的招生管理能力。

2. 加州州立大学系统助力学生学业成功的策略

加州州立大学分校受访者对课程改革行政令实施过程的反馈为各分校提供了重要的经验教训，有助于各分校规划未来的课程改革活动。针对加州州立大学系统如何助力学生学业成功，受访者从4个方面为其提出了建议：平衡迭代式课程设计的紧迫性和必要性；提供满足分校需求的沟通机会和支持；提升校园跨职能协作和综合规划能力；加强大学系统办公室政策的整合与协调。这些建议对加州州立大学系统办公室如何在未来推出以学生学业成功为重点的举措具有重要影响。

（1）平衡迭代式课程设计的紧迫性和必要性

几乎所有的受访者都把为期一年的课程改革时间作为一项重大挑战。由于课程改革涉及促进教师专业发展和设计迭代式课程两项工作，所以9所分校的课程改革的实际实施时间均长于一年。针对后续的课程改革，加州州立大学系统办公室采取了一些改革举措以使各分校产生重构课程的紧迫感，同时也为各分校参与基于证据的迭代式课程设计提供支持。在课程改革中，加州州立大学系统可以一个规模较小的分校为试点，这所分校已经在追求实现预期目标的重大课程改革，然后利用这些改革成果来实现课程改革的规模化。加州州立大学系统也可以在一个较长的时期内对整个大学系统进行课程变革，并为第一年和第二年设定可实现的目标，例如，大学系统既使各分校产生课程改革的紧迫感，又承认需要迭代式课程设计。针对课程改革的实施时间对各分校可能产生的负面影响，加州州立大学系统需要事先征求各分校的意见，这样大学系统就可以将这些负面影响降到最低。

（2）提供满足分校需求的沟通机会和支持

受访者指出，大学系统办公室需要改善与各分校之间的沟通并提供各种支持。分校代表希望尽早参与成功案例的展示，以便他们有机会从成功的课程改革中借鉴经验，并通过分校的发展规划减轻潜在的负面影响。明确和持续的沟通有助于大学系统确保分校利益相关者的参与，并使分校获得大学系统更多的支持。分校代表还表示，大学系统要重视教师专业发展，大学系统要为教师的访学或区域交流提供配套的激励措施，而不是将大学系统办公室组织的会议作为激励措施。分校代表对大学系统允许分校根据自身需要调整资金使用的灵活性表示认同。在有资源支持的情况下，大学系统赋予分校更多的时间并使它们能够灵活地使用资金以满足分校的需要有助于分校制定更为全面的战略规划。

（3）支持分校提升跨职能协作和综合规划能力

课程改革行政令代表了复杂的政策转变，新的政策要求各分校进行科学的综合规划。课程改革行政令的实施既有促进课程改革参与者之间有效合作的一面，也有阻碍课程改革参与者之间密切合作的一面，包括负责课程设计、教师专业发展、沟通、课程设置、招生规划和评估的人员之间的密切合作。在加州州立大学的多个分校，受访者称赞分校领导加强跨职能团队合作为成功实施课程改革行政令作出了贡献。跨职能部门的协作和综合规划对于确保有效利用现有资源为学生学业成功提供支持非常重要。大学系统办公室需要考虑如何支持、激励和奖励此类合作，其方法包括但不限于设计大学系统资源分配和支持方式。大学系统办公室需要弄清楚阻碍课程改革参与者之间有效合作的结构性障碍，建立最有助于鼓励分校开展综合规划的大学系统支持模式。

（4）加强大学系统办公室政策的整合与协调

当加州州立大学系统努力实现学生学业成功的宏伟目标时，许多分校代表认为“主动疲劳”是一个重大挑战。此外，在大学系统办公室由不同科室管理的情况下，分校代表报告说，系统办公室各科室的工作计划相互协调不够，它们所提供的信息在管理这些工作的科室中并不总是一致的。对于课程改革的推广，改革政策的更多整合支持分校整合其规划。研究表明，大学系统办公室应寻找机会更好地整合学生学业成功计划，这些学业成功计划会对分校产生重要影响。[1]

3.3 从各自为政到集中统一——加州大学系统与加州州立大学系统科研治理模式的变革与创新

竞争是美国高等教育的一个显著特征。在美国，大学不仅要与来自世界其他国家的大学展开竞争，而且各州的大学之间、不同类型的大学系统之间、同一个大学系统不同分校之间同样面临着激烈的竞争。[2] 能否构建一个高效、协

---

[1] BRACCO K R, et al. College - ready in the California State University system: Campus experiences implementing EO 1110 [R]. San Francisco, CA: WestEd. 2019: 1 - 61.

[2] 德里克·博克. 大学的未来 [M]. 曲强，译. 北京：中国人民大学出版社，2017：19.

同的科研治理模式对于一所大学的核心竞争力具有十分重要的意义。为了持续不断地提升自身的核心竞争力，加州大学系统和加州州立大学系统不遗余力地深入推进大学科研治理模式的变革与创新。

3.3.1 加州大学系统与加州州立大学系统科研治理模式的变革背景

在 2006—2007 财年，加州大学系统和加州州立大学系统通过 2 500 多份科研合同获得了约 60 亿美元的州政府拨款。[1] 在加州科研合同范本实施以前，根据大学系统、分校、主要研究人员、项目负责人与州政府官员建立的不同关系，项目要求、合同条款差异巨大。州科研管理机构和大学系统面临的挑战来自项目要求的不一致、中标处理时间缓慢和合同谈判冗长。效率低下的内外沟通，加之频繁的合同修订为加州大学系统和加州州立大学系统的科研治理带来了持续不断的问题。大学教师和科研管理人员围绕着谈判时间的长短进行着持久的争论，教师尤其受困于僵化的预算。项目要求和中标处理时间不一致、错过项目申报截止日期以及缺乏完整信息导致项目开始时间和结束时间延迟，并导致项目撤销。尽管许多科研合同具有类似条款，但谈判和起草可接受的合同条款需要 6 个月至 1 年的时间。在许多情况下，州政府在科研合同谈判中承担教师和科研管理人员双方的费用。

加州议会要求加州总务部就示范性科研合同条款进行协商，以供州科研管理机构资助加州大学系统和加州州立大学系统各分校开展的研究、培训或公共服务项目使用。2015 年 11 月 2 日，三方谈判达成一致，签署谅解备忘录，制定快速的项目管理流程。2016 年 1 月 1 日，加州科研管理机构发布新的科研项目合同范本。加州科研项目合同范本包括中标前和中标后的范本，它整合了加州科研项目的申报环节和中标环节。项目申报者提交的投标文件成为加州科研合同范本的实际附件和预先协商好的示范性合同条款。三方的意图是在从提交投标书到接受中标书的过程中，就合同要求分享充分的透明度。如果研究、培训或公共服务的需要和范围对于大学科研管理条款而言不够充分，加州政府允许以替代性条款和附件的形式灵活处理合同条款。最初，主要利益相关者创

---

[1] MARTINEZ P S. AB20 and the California Model Agreement: Insights from Implementation and Streamlining of State Contracting with Academic Institutions [J]. Journal of Research Administration, 2019, 50 (1): 66 - 88.

建了一份尚未通过的州和大学科研项目管理手册，该手册提供了在项目提交、中标及中标后每个合同附件的详细信息及程序。

加州大学系统和加州州立大学系统是加州高等教育 3 个组成部分中的 2 个，第 3 个组成部分是加州社区学院系统。加州大学系统是加州高等教育系统内学术和科学研究的中心。除了学士和硕士学位外，加州大学还授予博士学位和专业学位。加州州立大学系统授予职业方向的学士和硕士学位，是美国最大的四年制州立大学系统。创建加州科研合同范本需要这两个主要的多校区大学系统（10 个加州大学分校和 23 个加州州立大学分校）和 168 个州机构的合作，以审查和改善其科研项目管理流程，并对项目申报和中标采用新的商业管理模式，以实现该模式向以教师为中心的转化。

3.3.2 加州大学系统与加州州立大学系统科研治理模式的变革过程

加州政府与加州大学系统和加州州立大学系统科研治理中的附件 G 是经州政府和大学系统双方协商的替代性条款。在创建加州科研合同范本的过程中，除条款修订外，加州大学校长办公室、加州议会关注的第二个重点是收集附件 G 中的数据。加州教育法授权一个灵活或模块化的替代性方案用于加州科研合同范本不适合的项目或不适合特定条款的项目。这些替代性条款在加州科研合同范本中被称为附件 G。当受访者被问及哪些加州科研合同范本条款是通过附件 G 进行例行修改的，23% 的受访者表示，当收到加州的科研合同和附件 G 时，加州科研合同范本条款最有可能发生显著改变。在那些认为合同条款会发生变化的受访者中，他们认为最常见的变化是付款和发票，其次是版权。

在加州大学系统和加州州立大学系统的科研治理中，加州科研合同范本是改革的重点。加州议会的调查记录了加州大学系统和加州州立大学系统对加州科研合同范本实施一年后的态度。根据加州议会的规定，加州大学系统、加州州立大学系统和州政府每年须召开一次会议，讨论有关加州科研合同范本的关键问题。校方大多认为在 2017 年会议上修订加州科研合同范本并不是首要任务。然而，他们一致认为，付款和发票条款是加州科研合同范本下一次重新讨论的优先事项。在附件 G 中，校方对非优惠条款的大多数负面回应表明，加州政府需要改进或澄清其在加州科研合同管理中的职能，这仍然是大学系统和州政府之间争论的焦点。加州大学校长办公室和加州州立大学校长办公室继续通过年度调查，要求包括州政府机构和加州大学分校、加州州立大学分校在内的各方提供意见，以协商和调整加州科研合同范本的条款。

1. 加州科研合同范本实施中的问题

新的加州科研合同范本实施前大学系统与加州政府达成了以下共识：在州政府和大学之间建立牢固的工作关系；科研项目管理要有一定的灵活性；大学与加州政府科研管理机构签订合同范本；加州政府资助大量科研项目。值得注意的是，一位受访者表示，在新的加州科研合同范本使用前，加州的科研管理没有成功案例。受访者指出了新的加州科研合同范本使用之前项目和合同条款要求的不一致。在这两个大学系统的科研治理中最大的挑战是预算不灵活、谈判和中标时间长、缺乏内部和外部沟通。对州政府科研管理人员开展加州科研合同范本运作流程的教育和培训是新的加州科研合同范本实施后的关键问题，也是新的加州科研合同范本实施后需要改进的关键问题。其他关键问题是缺乏标准化的间接成本率。对于科研管理部门的受访者来说，关键问题还包括允许替代性或模块化的合同条款。一些受访者提到，加州政府和校方有必要提供更多关于加州科研合同范本管理流程在大学中如何运作的教育和培训。

对于教师和科研管理者而言，不一致的项目要求和合同条款是州政府科研管理机构使用加州科研合同范本的主要挑战。其他的挑战包括预算缺乏灵活性、州政府与大学之间缺乏沟通、州政府科研管理机构对事先商定的合同条款不断提出否决或修改要求。10%的受访教师认为，州政府科研管理机构对事先商定的合同条款的不断否决是有问题的。比较而言，只有4%的受访科研管理者认为州政府科研管理机构对事先商定的合同条款的不断否决是有问题的。和不一致的合同条款问题一样，预算不灵活也是教师们关心的问题。[1]

教师们还关注其他科研管理者没有关注的问题。这些问题包括采用加州科研合同范本如何影响教师研究的不确定性及加州科研合同范本签订流程的不确定性。科研管理者发现了大量问题，13%的受访教师担心谈判和中标的时间。受访者均认为新的加州科研合同范本实施之前的主要成功之处是在州政府和大

---

[1] MARTINEZ P S. AB20 and the California Model Agreement: Insights from Implementation and Streamlining of State Contracting with Academic Institutions [J]. Journal of Research Administration, 2019, 50 (1): 66 – 88.

学之间建立了牢固的工作关系。教师与科研管理者就大量成功资助的项目达成了一致意见。多数教师认同项目要求的灵活性，而科研管理者则对新的加州科研合同范本实施前随叫随到的工作模式作出了更大的反应，该模式在加州交通局和加州大学之间进行了试点。

教师和科研管理者都认为，加州科研合同范本实施中最关键的问题是向州政府科研管理人员就加州科研合同范本流程如何运作进行教育和培训。教职工的教育、培训和间接成本率不规范也是教师和科研管理者共同关心的问题，但没有那么突出。此外，科研管理者认为加州科研合同范本实施中的关键问题没有得到教师的认同。其中，最普遍的问题是州政府和大学系统双方协商的替代性条款。受访教师有所保留地表示，他们同意关键利益相关者参与加州科研合同范本的拟定过程。科研管理者的回答更为复杂，针对关键利益相关者是否应参与加州科研合同范本的拟定过程，有 29% 的科研管理者回答“是”，14% 的科研管理者回答“是，有点”。43% 的科研管理者对关键利益相关者是否应参与回答“不”。

2. 加州科研合同范本的实施过程

科研管理者认为大学工作人员和州政府科研管理机构工作人员（各占 22%）没有参与加州科研合同范本的拟定。只有不到一半的教师认为州科研管理机构的工作人员是空闲的。此外，11% 的科研管理者认为大学知识产权办公室是未参与加州科研合同范本拟定过程的关键利益相关者。最后，11% 的科研管理人员和 22% 的教师认为所有关键利益相关者都参与了加州科研合同范本的拟定过程。[1]

当被问及加州科研合同范本的实施是否成功时，高于 33% 的受访科研管理者认为加州科研合同范本的实施是成功的。当被问及“他们将如何衡量成功”时，25% 的受访教师回答说，谈判时间的减少是衡量加州科研合同范本成功的首要标准。11% 的教师认为处理裁决的速度和一致的裁决条款是次要问题。29% 的受访科研管理者表示，项目要求的一致性是衡量成功的首要标准，

[1] MARTINEZ P S. AB20 and the California Model Agreement: Insights from Implementation and Streamlining of State Contracting with Academic Institutions [J]. Journal of Research Administration, 2019, 50 (1): 66-88.

24% 的受访科研管理者表示，减少谈判时间是衡量成功的次要标准。[1]

除了对州政府科研管理人员和大学工作人员进行更多关于加州科研合同范本的教育和培训外，教职员工和科研管理者没有就加州科研合同范本仍需改进的问题作出回应。教职员工的回答集中在缩短奖励周期的必要性及对州政府科研管理人员和大学教师进行更多教育和培训的必要性上。科研管理者对以下事项给与了较高的回应：广泛的改进、清晰的指示、一致的预算、较少的文书工作及与关键利益相关者较好的沟通。

教师和科研管理者之间仅就一项建议达成了一致，即对州政府科研管理人员和大学工作人员进行更多关于加州科研合同范本实施的教育和培训。总的来说，教师总是要求改进沟通，提高科研项目管理流程、执行期限和执行时间的清晰性和一致性，提供更多的教育和培训，增加项目管理的灵活性。科研管理者的建议侧重于对加州科研合同范本的实施进行更多的教育和培训，保持项目管理框架和流程的一致性，以及来自主要利益相关者的更多指导和沟通。

加州科研合同范本实施以来的关键问题集中在教育和培训、实施流程优化和更多沟通上。预算僵化的问题已经明显地从教师转移到州政府科研管理者。州政府科研管理者还表达了对使用替代性示范合同条款的关切。利益相关者的参与是一个潜在的关切来源，29% 的科研管理者毫无保留地同意利益相关者的参与，100% 的教师同意利益相关者的参与，但持保留意见。[2] 这一问题需要澄清和界定。它为加州科研合同范本的拟定提供了机会，确保所有利益相关者的参与，同时考虑主要的大学工作人员和州政府科研管理人员的关切。受访者针对加州科研合同范本成功实施的认知反应是肯定与否定混合的。尽管大多数州政府科研管理者认为加州科研合同范本是成功的，但大多数教师对此不置可否。尽管教师们将减少谈判时间、增加合同条款的一致性和提高奖励的速度作为加州科研合同范本成功实施的证据，但科研管理者对此反应不一。

---

[1] MARTINEZ P S. AB20 and the California Model Agreement：Insights from Implementation and Streamlining of State Contracting with Academic Institutions [J]. Journal of Research Administration，2019，50 (1)：66 – 88.

[2] 同[1]。

3.3.3 加州科研合同范本对于加州大学和加州州立大学科研治理的影响

加州大学系统、加州州立大学系统对科研治理现状的不满推动了加州科研合同范本的改革和实施。尽管加州科研合同范本深植于联邦政府示范的伙伴关系理念，即通过最大化研究资源和最小化管理成本寻求有效方法支持科学研究，但它是一个新颖的框架，它提供了一种全方位的项目申请和奖励办法。加州科研合同范本的优势在于在中标前后，双方都能获得完整的信息。双方的期望都是事先知道的，由此产生的协议可以很快地得到执行。此外，加州科研合同范本的模块化设计允许教师在不破坏其整体框架的情况下对其局部进行调整。

加州科研合同范本不应被视为加州独有的创新，它是解决科研管理中常见挑战的典范。学术机构对于制定科研管理规章制度特别感兴趣。对于有兴趣探索加州科研合同范本框架的州政府科研管理人员来说，他们应该权衡使用加州科研合同范本的潜在好处是否大于其有效管理所需的时间、资源和成本。在作出这一决定时，他们必须确定特定资助机构的行政和财政负担事项，考虑这些群体之间的工作关系，衡量双方高效工作的原则，了解利益相关者的集体努力和支持，以实现项目申报的标准化，并通过补充性的大规模组织变革，就需要基础设施支持的项目条款达成一致。马丁内斯（Martinez）鼓励缔约方审查加州科研合同范本指南草案。这是加州科研合同范本应如何运作的路线图，对于那些考虑加州科研合同范本是否适合其机构或代理机构的人来说是一个宝贵的资源。

3.3.4 针对加州大学和加州州立大学科研治理变革的建议

根据两个研究团队的研究结果，加州科研合同范本在规范合同条款方面发挥了作用。2017 年 8 月，两个大学系统和加州政府对加州科研合同范本进行了第一轮修订。根据受访者和主要利益相关者的要求，它们修订了以下条款：转包合同、发票和付款、机密信息和项目收入。马丁内斯对加州大学伯克利分校科研管理人员和教师访谈的分析强调了两个研究团队的建议，它们建议加州大学的科研治理变革应集中在以下关键领域：管理沟通、项目要求的一致性、管理的灵活性、教育及培训和沟通的清晰度。各方对以下 4 个目标的承诺对于加州科研合同范本实现预期管理目标至关重要：教育所有参与方更有效地使用加州科研合同范本；加强沟通，提高管理流程的一致性和清晰性；赋予加州科研合同范本一定的灵活性；确定未参与的其他关键利益相关者（如各种国家机构、采购方、商业合同签订者、信息技术安全和保密官员）以及他们参与精简管理流程和决策的情况。

未来加州科研合同范本变革的前景取决于加州政府与学术机构精简合同的主要目的，以及合作伙伴发现差距、不足和提出解决方案的能力和意愿。同样重要的是，学术机构应继续评估其与州政府科研管理机构开展的各种活动。

加州科研合同范本是否可以在其他州的高校进行推广尚需进一步研究。加州大学系统和加州州立大学系统的决策者报告了当时的科研项目管理效益，包括更快的项目审查时间、减少单个奖项的谈判时间以及高效的协议处理。根据加州大学校长办公室的说法，加州科研合同范本的下一个里程碑事项是在校外会计事务所以同等的效率处理科研项目的审计。从学术机构和州科研管理机构的角度对管理效率进行定期评估，将为研究人员和科研管理者提供有用的信息。加州大学、加州州立大学和其他州（特别是弗吉尼亚州和马里兰州）的学术机构已经对此进行了讨论，这些大学表示有兴趣与其州科研管理机构采用加州科研合同范本。加州科研合同范本是一个成熟的框架，进一步的研究可以证明它是加州以外的其他学术机构科研管理的成功典范。

3.4　美国州立大学系统治理职能的分配

大学系统与各分校之间在治理职能上的分割问题是制约美国州立大学系统治理绩效的一个关键问题，科学、合理的治理职能分割有助于提升大学系统以及各分校的治理绩效。正如盖泽尔所言，多校园大学系统经常在治理职能的划分上经历下列摩擦：分校与系统、内部的支持者与外部的支持者、自由与控制、特权与许可、相关各方的权利与义务等之间的摩擦。[❶] 鉴于此，李（Lee）和鲍恩（Bowen）指出，美国州立大学系统需要在协同合作的前提下实行劳动分工，采用多种方法促进跨校园教育的专门化、多样性和协调。

3.4.1 美国州立大学系统与分校之间在治理职能分割上的纷争

美国州立大学系统的目标是为整个大学系统提供总体规划和协调，提供与州政府的单一沟通渠道并以州立大学系统的名义提出、接受和管理州预算。单一的州政府沟通渠道和预算在很大程度上能够排除各分校在州政府层面的政治纷争。在这些重要事务上，美国州立大学系统一直以来是非常成功的。

然而，这种成功并非没有大学系统内部的矛盾和斗争。美国州立大学系统的内在本质和环境决定了各分校的相对地位、在系统内扮演的角色及在分校治理方面面临的压力与争论。美国州立大学系统行政部门直接与州政府合作，因此更直接地受州政治进程的影响和制约。大学系统领导层和州政府之间的许多互动在公共部门和媒体中进行。大学系统行政部门的作用是保护各分校不受政治的直接影响，这是一个相当大的好处。然而，分校的人往往不承认这种庇护，而是把政府政治行动的结果归咎于大学系统行政管理本身。这常常导致分校和大学系统之间存在一定程度的误解和不信任。整个大学系统的行政管理和董事会的疏远使这种信任危机在分校愈演愈烈。这种信任危机还发生在其他地方。

在州政府层面，美国州立大学系统行政部门面临的许多压力是公共性的和政治性的。分校的大部分争论和压力都是学术上的。由于这种不同，分校治理和大学系统治理在处理问题时很容易存在不同的优先事项。如果大学系统负责人没有学术和分校背景，对学术和分校缺少理解，则二者之间看法和优先事项的差异会更加突出。州政府、联邦政府和高等教育全球化等力量强化了这些固有的紧张局势。这些力量不仅在大学系统和分校之间制造了紧张局势，也为它们提供了重要的发展机遇。

具体而言，这些力量主要体现在以下 5 个方面：在大多数州，生均公共资

---

❶ 杰拉德·盖泽尔. 美国多校园大学系统：实践与前景［M］. 沈红，等译. 北京：教育科学出版社：中文版序言Ⅱ.

金大幅减少；不论学生的支付能力如何，即使在州资金减少的情况下，美国州立大学系统仍然需要继续改善州内学生的入学机会；分校获得了大部分替代性收入；分校充分利用互联网催生的新教学技术；高等教育的日益全球化。前3种力量需要改变，这一事实加剧了分校治理与大学系统治理之间的紧张和争论。后两种趋势为有益的变革提供了机会。在这两个领域，各分校以不同的规模和不同的模式进行实验，但哪种模式最有用并最有可能取得成功仍不清楚。这些不确定性加剧了各治理层级之间的紧张关系。一个特别的紧张之处是在美国州立大学系统内建立新的分校。现有分校往往将新校园视为对大学系统资源的分流，而大学系统办公室则更多地将其视为履行入学义务和加强州内高等教育地域覆盖的必要手段。

斯通（Stone）指出了大学系统和分校之间的一些具体紧张关系，并建议在州政府、大学系统办公室和分校之间分配某些特定职能。金（King）认为，应从更广泛的角度来看待大学系统和分校之间行政角色分配应遵循的原则，同时应认识到具体的分配将取决于大学系统的类型及州和地方的情况。[1]

3.4.2　美国州立大学系统之间的差异

美国州立大学系统的使命、组织结构和发展有着广泛的差异，因此从一开始就应该清楚地认识到，没有任一治理模式适合所有美国州立大学系统。美国州立大学系统之间的一些重要区别如下。

（1）大学系统及其分校的使命有很大的不同。分校或大学系统可以是研究型大学、四年制综合大学、两年制学院和具有特殊使命的院校，例如历史上的黑人院校、加州海事学院。系统内或系统间可能有也可能没有学生转学的制度设计，这些制度设计往往是特定的。

（2）在有些大学系统中，所有分校拥有相同的使命，但大多数美国州立大学系统是由具有不同使命的分校组成的。前者的例子是伊利诺伊州州立大学系统和加利福尼亚州州立大学系统。后者的例子有得克萨斯州州立大学系统和纽约州州立大学系统。通过共享同样的使命，大学系统可以专注于该使命，各

[1] KING C J. On the Apportionment of Administrative Governance Functions Within Multi－Campus Universities and University Systems［R］. Center for Studies in Higher Education，2013：1－7.

分校分享实现该使命的最佳经验，并确保实现该使命的最佳经验在分校传播。包含多个使命的多校园系统有助于大学系统内的学生转学，例如，同时拥有两年制学院和四年制大学的美国州立大学系统。

（3）有的美国州立大学系统是由现有分校合并而成的，有的美国州立大学系统是由内部产生的新分校组成的，还有的美国州立大学系统是由其他方法结合而成的。例如，纽约州立大学系统最初是通过合并形成的。加州州立大学系统是通过各种方法组合而成的。合并具有不同历史、价值观、传统和使命的分校存在校园文化的适应问题，并需要教师在达到旗舰分校的办学水平之前付出辛勤的劳动。

（4）不同美国州立大学系统的董事会结构存在显著差异。例如，北卡罗来纳州和佛罗里达州在大学系统和个别分校设有董事会，犹他州在大学系统和各分校都有董事会，俄亥俄州在州层面设有上述咨询委员会，在大学系统层面设有其他委员会。

（5）大学系统和其中的分校可以处于不同的发展阶段。在一个典型的场景中，一个全新的分校最初运行在大学系统办公室的管理和密切监督下。然后，随着分校的首席行政负责人被任命、行政人员的充实和学生的到来，分校的行政职责逐渐移交给分校领导人和行政人员。因此，大学系统行政管理的作用通常大于新的分校。

3.4.3 美国州立大学系统治理职能分配的原则

针对多校园大学系统治理职能的分配，克尔（Kerr）对此有过经典的论述。克尔认为，大学系统没有校友、没有学生、没有教员、没有运动队，没有人为它的成功欢呼。[1] 克尔还指出，分校是最基本的单位，大学系统是为分校服务的重要组织层级。

此外，针对多校园大学系统治理职能的分配，弗劳恩（Flawn）认为，在最好的大学系统中，系统办公室不作为一个经营实体发挥作用。大学系统不提供学术课程，不从事研究，不授予终身教职或学位，大学系统没有足球队。大

[1] KING C J. On the Apportionment of Administrative Governance Functions Within Multi - Campus Universities and University Systems [R]. Center for Studies in Higher Education, 2013: 1 -7.

学学术计划和决策是以分校为基础的，学术领导权在分校，大学系统校长不承担这些职责，他也不是分校首席学术负责人的代言人。如果大学系统校长理解这项工作，他将确保学术领导权属于各分校校长。在这个理念下，大学系统提供服务，包括发展规划制定、基础设施建设、预算编制、财务管理、资本投资及法律咨询等服务。并且，大学系统代表各分校在州政府从事游说活动。大学系统校长的责任是评估分校校长的表现并在整个大学系统内维持高水平的领导。

大学系统和分校之间的职能和责任划分没有硬性规定，一切工作应该契合使命的共性与差异、系统纵向与横向结构、各分校的历史和发展阶段、州政府的制约因素、董事会结构和不断变化的内外环境。尽管如此，大学系统和分校之间的职能和责任划分还是应遵循一些基本的原则，这些原则体现在以下10个方面。

（1）权力自主原则。从本质上讲，这一原则是指行政职能应由能够有效处理事务的最小、最低、最分散的权力机构来承担。金在大学系统的董事会治理和教师共同治理的讨论中援引过这一原则。权力自主原则同样适用于大学的行政管理，甚至更适用。在权力自主原则中，管理者应当作出明智的决定，而不是偏离治理的方向。决策的最佳水平是在充分了解各种相关政策和组织因素的情况下，全面掌握影响某一组织机构的最直接信息。

权力自主原则对于复杂的、多层次的组织及最具价值的人力资源在一线执行任务的组织来说是最具吸引力的，而高校就是大学教师在一线执行教学、科研和服务任务的组织。美国州立大学系统是最适用权力自主原则的组织之一。在美国州立大学系统的治理中，权力自主原则会产生有意义的结果：各分校制订和执行自己的学术计划和学术方案；大学系统应将科学研究的行政支持放在研究所在地的分校；分校应与所在社区建立联系，大学系统应与州政府建立联系，与联邦政府建立联系则要视具体情况而定，它主要根据事务是适用于系统（比如立法）还是分校（例如具体研究）来划分；各分校应提供学生服务；筹款活动、校友关系、产业关系、技术转移业务的设计与实施应由分校负责，因为与校友、企业存在紧密联系的是分校；一般而言，美国州立大学把行政人员的初选权赋予其高一级行政负责人并经过更高一级行政负责人的审批。

（2）集中政策管理，分散经营管理。佩尔弗雷（Pelfrey）观察到，加州州立大学最近几十年的组织原则是分校管理具体项目，大学系统办公室管理政策。[1] 这一原则对于一个由拥有相同使命的分校组成的大学系统来说是很有意义的，它作为大学系统和分校之间的职能和责任划分的重要原则也是很有意义的。然而，它应被视为若干原则之一，有时它可能与其他原则相冲突，如权利自主原则。美国州立大学最好能在系统层面监督庞大的多用户研究设施和涉及多个分校的有组织研究，以便识别相互冲突的分校利益，在此基础上做好冲突管理。在分校管理具体项目、系统办公室管理政策的组织原则下，大学系统也要根据实际情况，在政策体系中创建分校层面的特定政策。

（3）开发全系统决策流程，而不是以大学系统办公室为中心。美国州立大学将所有的责任和决策权归为分校行政部门或大学系统办公室没有必要，甚至不可取。各分校可以分享最佳经验，为决策提供坚实的基础。在某些情况下，甚至决策本身也可以通过具有适当代表性的全系统或全校园团体作出，代表可以涵盖分校校长、分校教务长、分校图书管理员、分校首席信息官等。这些团体代表还应包括大学系统的对应人员。运用这种方法可以作出合理、基于分校知识的系统层面的决策，这是自主性原则的另一种表现形式。这种决策过程对于设定学术标准、制定学术研究和人事政策、图书馆与信息技术合作等诸多事项都有着重要意义。金的意思并不是说在所有情况下，美国州立大学的最终决策由全系统协商一致或表决作出（尽管这是一种可能性），而是说影响决策的因素应在大学系统充分公布。这样，更多的参与和协商往往会产生更好的决策，也会使决策更好地被接受。

（4）任一层级的治理人员都应该了解另一层级的需求和情况。增进共同理解能够使大学系统治理的两个层次更有可能拥有共同的优先事项，并认可如何更好地为共同目标一起努力。在杰斐逊看来，充分的相互理解会使最终决策存在较少的分歧。在不同层级的人之间凝聚共识绝不是自动的，它需要仔细的制度设计和维护。一些有效的方法如下：大学系统办公室在招聘管理人员时应强调候选人在分校管理方面取得的经验和成功，并将其作为招聘系统管理人员的标准；大学系统应在系统和分校之间轮换关键员工；大学系统应充分利用全系统讨论和决策过程，鼓励大学系统管理人员充分参与分校管理人员所在的团

---

[1] KING C J. On the Apportionment of Administrative Governance Functions Within Multi - Campus Universities and University Systems [R]. Center for Studies in Higher Education, 2013: 1 -7.

体会议，这样的会议最好由一名分校管理人员召集和主持以减少等级敏感性。

（5）面向州政府的大学系统事务应该建立单一的沟通渠道。组建大学系统的主要目的之一是使大学系统面向州政府时可发出同一个声音和提出统一的要求，从而在大学系统内部而不是通过州政府的政治程序来完成优先事项的选择。很多州政府看到了这种做法的优势，有些州甚至在现有的各自为政的州立大学中创建了州立大学系统。对于州立大学系统来说，通往州政府的单一沟通渠道是需要培育和维护的，大学系统的治理应该反映这一事实。美国州立大学系统应该有一个统一的州政府关系办公室，而不是几个。

与州政府的单一沟通渠道相伴随的是，美国州立大学系统应该有一个统一的州预算，从而避免各分校在州政府的预算方面展开竞争。因此，州预算应通过评估优先考虑分校需求，在系统层面制定预算政策并寻求分校的支持。然后，各个分校之间的资金分配应该由大学系统而不是州政府决定。此外，由于州内学生的学费始终是一个重大的政治问题，因此，州内学生的学费应该由州立大学系统和州政府程序来确定，最好由州立大学系统来确定。在有些情况下，分校可能会有更多机会为州外学生设置学费标准。分校使命的变更、大学系统对州政府招生指标的完成方式及各分校的招生指标分配是需要通过大学系统来应对的问题。

（6）确保下一治理层级的不同机构在职能上与上一治理层级保持一致。在具有多级董事会的大学系统中，系统办公室和分校的管理职能应与系统董事会和校园董事会之间的责任分工相对应。相反，各级董事会之间的职责分工应与行政的有效性和效率相匹配。在结构化共同治理的大学，教师的顾问角色应与其所在的管理层级相同。

（7）提升学术质量。治理结构对提高美国州立大学的教学和科研质量至关重要。提升教学与科研质量需要建立基于基层学术组织的治理结构。这是自主性原则的一个强有力的证据，因为教师处于提升学术质量的第一线。一般而言，提高学术质量需要关注教师的需要，要求教师积极地参与学术项目的审批、审查过程和个别教师的任命、评估程序。尽管学术标准手册和教师评估标准在系统层面上是有益的，但这些活动最好在分校层面执行，就像加利福尼亚州州立大学的学术手册和人事手册所规定的那样。

（8）分校之间及分校与大学系统之间的互通。包含不同类型分校的大学系统可让学生在它们之间顺利转学，比如，前两年在两年制学院学习，然后转到四年制院校完成学士学位。美国州立大学系统的行政部门协调这种转移很重要。由于分校不太可能独立地完成转学工作，因此需要大学系统发挥实质性的协调作用。

（9）提升预算和资金使用效率。在大学系统范围内，甚至在更大范围内开展活动可以提高资金使用效率。对于采购而言，大批量采购可以降低商品的价格。这样，大学系统通过规模经济提升了资金的使用效率，促进了分校的利益所得。不过，如果通过系统协调获得的一致性给教师带来不便或负担，如缺乏灵活性或耗时较长，那么大学系统最好放弃资金使用效率，转而支持分权管理以满足教师的需要。

（10）有些职能必须在多个层次上履行。例如，应该有一个代表大学系统的法律办公室，以确保大学系统内法律解释和建议的一致性，但也必须有一个向分校领导提供一般法律建议的机制。同样，大学系统既要为各个分校设立媒体关系办公室，也要为大学系统建立有效的媒体关系办公室。一个分校的招生应该在该分校进行，但大学系统也需要协调整个大学系统的招生政策。此外，整个大学系统的专利和版权许可的政策和条款应保持一致，从而在许可和技术转让方面，除了分校的业务外，大学系统层面也能发挥作用。在这两个层次上也有国际交流活动，但种类不同。正如兰（Lane）所指出的，在大学系统层面监督学生交流项目的范围和效率是有意义的。同时，在国际性大学之间建立更为复杂的关系最好是在分校层面进行。[1]

[1] KING C J. On the Apportionment of Administrative Governance Functions Within Multi – Campus Universities and University Systems [R]. Center for Studies in Higher Education, 2013: 1 –7.

第 4 章　美国州立大学分校的教师共同治理

21 世纪以来，许多文献研究了教师共同治理。美国高校有着多样化的、复杂的治理结构，行政人员和教师承担的责任存在很大差异。这些职责的分配受到诸多内外因素的影响，如终身与非终身地位、投票权、教师招聘、课程事务、任期评估和晋升及允许教师和行政人员共享治理权的程度等。

4.1　美国州立大学分校教师共同治理概况——以美国药学州立院校为例

美国药学教育认证委员会要求美国药学州立院校的治理须符合大学治理的基本标准，确保教师参与院校治理。然而，这一标准相当宽泛，它只规定“院校应使用最新公布的文件，如规章制度、政策和程序，以确保教师参与院校的管理”。[1] 为了在美国药学州立院校的教师共同治理中落实大学治理的基本标准，进一步推动美国药学州立院校的教师参与院校共同治理，美国药学院协会教师理事会责成教师事务委员会对美国药学州立院校的教师共同治理进行研究。研究的目的是揭示美国药学州立院校的教师治理结构，包括在这个治理结构中不同类别教师投票权的不同之处。

美国大学教授协会也不遗余力地积极推动美国高等院校的教师共同治理。2013 年，美国大学教授协会公布了一份关于教师参与共同治理的主要障碍和建议的文件。通过这项工作，美国大学教授协会确定了教师参与共同治理的 5

---

[1] KENNEDY D R，et al. Current Status and Best Practices of Shared Governance in US Pharmacy Programs［J］. American Journal of Pharmaceutical Education，2020，84（7）：909－918.

项原则。这些原则成为该文件所提出的一系列具体建议的基础，它被各个院校在处理与治理相关的问题时所遵循。教师参与共同治理的 5 项原则分别是：①美国大学教授协会申明，教师的身份界定需要明确，不仅要包括终身教师，还要包括非终身教师；②尽管教师参与院校治理在实施过程中存在挑战，但所有教师都应有机会参与院校治理；③教师须充分利用参与共同治理的机会实现其利益；④美国大学教授协会认为学术自由和参与治理密切相关；⑤所有教师，不论是否被任命，都应得到正当程序的保护以保证学术自由。

在美国药学教育认证委员会、美国药学院协会和美国大学教授协会的工作的基础上，一些学者进一步深入研究了美国高等院校的教师共同治理。肯尼迪（Kennedy）就是美国药学州立院校教师共同治理的积极探索者之一。

肯尼迪发现，除一项探索学生治理的研究外，美国学界缺乏关于美国药学州立院校教师共同治理的研究。不过，美国大学教授协会的教师年度调查涉及美国药学州立院校的教师治理。美国大学教授协会的教师年度调查的主要目的是评估教师对大学治理的满意度。美国大学教授协会的教师年度调查结果表明，大多数美国大学教师对院校治理感到满意。例如，在美国大学教授协会 2017 年的调查中，87.3% 的大学教师对他们的院校为教师参与院校治理提供了机会表示同意或非常同意。[1] 这一调查结论与 2001 年艾伦伯格（Ehrenberg）的调查结论基本一致。艾伦伯格的调查表明，约 90% 的大学教师认为教师所享有的权利比 1980 年以前更多或者未变。[2]

肯尼迪主要从 3 个方面探讨了美国药学州立院校的教师共同治理。

首先，肯尼迪研究了教师对美国药学州立院校治理结构的满意度，教师对美国药学州立院校治理的投入水平，以及不同教师群体之间的态度是否存在显著差异。肯尼迪的调查表明，64% 的受访者对美国药学州立院校的治理结构表示满意或非常满意，63% 的受访者对教师参与美国药学州立院校治理的投入水平表示满意或非常满意。然而，在剔除具有行政职务的教师后，这两项比例分别下降到 57% 和 55%。[3] 为了找到百分比下降的这两项原因，肯尼迪使用回归

[1] KENNEDY D R, et al. Current Status and Best Practices of Shared Governance in US Pharmacy Programs [J]. American Journal of Pharmaceutical Education, 2020, 84 (7): 909 – 918.

[2] 罗纳德·G. 艾伦伯格. 美国的大学治理 [M]. 沈文钦，等译. 北京：北京大学出版社，2010：137.

[3] KENNEDY D R, et al. Current Status and Best Practices of Shared Governance in US Pharmacy Programs [J]. American Journal of Pharmaceutical Education, 2020, 84 (7): 909 – 918.

分析方法分析教师对美国药学州立院校治理的满意度。通过这种方法，肯尼迪开发了一个治理满意度模型。运用该模型，肯尼迪在担任行政职务的教师与不担任行政职务的教师之间以及公立院校教师与私立院校教师之间发现了显著差异。在该模型里，担任行政职务的教师获得治理满意度高分的可能性是不担任行政职务教师的 2.5 倍。此外，与私立院校教师相比，公立院校教师拥有较高的治理满意度。经过协变量调整后，公立、私立院校终身教师在治理满意度方面没有显著差异。

其次，肯尼迪研究了美国药学州立院校共同治理中各委员会的组成结构，这是因为许多共同治理是通过委员会机制来完成的。根据肯尼迪的调查，56% 的受访者表示，委员会成员和委员会主席一般由院校行政管理人员任命。24% 的受访者表示，院校行政管理人员任命了委员会成员，但委员会主席是由委员会成员选举产生的。只有 13% 的受访者表示，委员会成员和委员会主席是由教师选举产生的。一般来说，除了晋升和终身任职委员会外，教师可以在任一委员会中任职，且不论教师级别如何，因为有 76% 的受访者认为委员会成员没有资格限制，只有 13% 的受访者认为委员会成员有资格限制。❶ 具体而言，肯尼迪讨论了美国药学州立院校教师在改变治理结构、教学与研究投入、新教师招聘、系主任遴选等事项上的参与情况。

就教师改变治理结构的能力而言，68% 的受访者认为所在院校有相应的机制，8% 的受访者认为所在院校没有相应的机制，24% 的受访者表示不确定。具体而言，81% 的受访者表示教师在招生和录取政策上拥有发言权，92% 的受访者表示教师在课程事务上拥有发言权，82% 的受访者表示教师在学生升学政策上拥有发言权，68% 的教师表示教师在教师晋升政策上拥有发言权。有相当一部分教师不清楚他们在共同治理结构中享有的权利和应尽的义务。一些受访者不知道他们是否拥有直接投票权，6% 的受访者不知道他们能否参与和学生入学相关的决策，7% 的受访者不知道他们能否参与和学生升学相关的决策，13% 的受访者不知道他们能否参与和教师晋升相关的决策。最后，超过一半的受访者不知道他们是否有权参加对管理人员的不信任投票。❷ 由此可见，肯尼

---

❶ KENNEDY D R, et al. Current Status and Best Practices of Shared Governance in US Pharmacy Programs [J]. American Journal of Pharmaceutical Education, 2020, 84 (7): 909 - 918.

❷ 同❶。

迪的调查结论与2001年艾伦伯格的调查结论略有不同，[1] 这表明，短短20年之内，美国州立大学教师参与共同治理的情况已经发生了一些变化。例如，对于系主任的任命，权力已经从教师转向院长。不过，教师在教师晋升和课程教学方面的权力几乎没有变化。

在教学与研究投入上，只有19%的受访者认为不存在向重点研究领域提供投入的机制，且投入水平差别很大。针对该问题，43%的受访者认为他们可以向部门主管提出非正式意见，另有31%的受访者回答说，部门主管会征求他们的正式意见。

在新教师招聘中，教师的参与水平有所不同。大多数受访者表示，校方要求教师在新教师招聘方面有所参与，如果新教师候选人是教师所在部门要招聘的人员，则17%的受访者认为新教师招聘工作是通过教师直接投票完成的，66%的受访者认为新教师招聘工作是通过搜索委员会完成的。只有15%的受访者认为搜索委员会没有考虑教师的意见，只有2%的受访者认为搜索委员会没有征求教师的意见。[2]

在系主任遴选问题上，各院校的情况有所不同。52%的受访者表示，他们的系主任是由院长任命的，而只有6%的受访者认为他们的系主任是由教师选出的。其余42%的受访者认为系主任是搜索委员会确定的，[3] 搜索委员会在确定系主任的过程中，考虑了系里教师的意见。

最后，肯尼迪探讨了教师是否可以在教师大会上自由地发表意见，且不必担心可能产生的负面影响。结果表明，超过80%的受访者表示愿意在教师大会上公开发表意见。大约20%的教师表示，他们不愿意在教师大会上就学术问题畅所欲言。[4] 有趣的是，终身教师地位并没有对教师的言论自由起到显著的积极作用，因为终身教师和非终身教师均认为他们不能在教师大会上畅所欲言。

肯尼迪的前期调查结果被用作推动教师进一步开展有关教师治理的对话。

---

[1] 罗纳德·G. 艾伦伯格. 美国的大学治理［M］. 沈文钦，等译. 北京：北京大学出版社，2010：154－155.

[2] KENNEDY D R，et al. Current Status and Best Practices of Shared Governance in US Pharmacy Programs［J］. American Journal of Pharmaceutical Education，2020，84（7）：909－918.

[3] 同[1]。

[4] 同[1]。

在后续的调查中，肯尼迪要求调查对象就影响教师的最重要治理问题提供反馈意见。在此基础上，肯尼迪梳理出了以下 5 个主题。

第一个主题是教师的工作量。教师认为工作量是教师参与共同治理的一个重要障碍。肯尼迪深入调查了在教师晋升和任期评估中，美国药学州立院校行政部门是否适当考虑了教师参与共同治理的工作量，包括以服务形式参与共同治理的工作量。

第二个主题是教师参与美国药学州立院校治理的情况。与教师的教学和研究相比，肯尼迪调查了教师是否有足够的时间有效参与院校治理。该调查表明，美国药学州立院校教师对共同治理的参与不足。调查对象认为，教师参与美国药学州立院校治理存在以下问题：美国药学州立院校对教师的要求不明确；美国药学州立院校对教师治理角色的理解错误；教师与管理人员对教师参与美国药学州立院校治理的认识存在分歧；美国药学州立院校行政部门与教师之间缺乏沟通。此外，有调查对象对教师参与美国药学州立院校治理的问责制表示关切。

第三个主题为教师晋升和任期评估。针对这一主题，美国药学州立院校教师治理的潜在问题是教师晋升和任期评估的政策和程序缺乏透明度。

第四个主题是不同类型的教师在共同治理中享有的权利和承担的义务不同。在一些美国药学州立院校，分配给终身教师和非终身教师的权利和责任不同。终身教师和非终身教师之间的投票权存在差异，这限制了某些教师参与共同治理的权利。此外，一些美国药学州立院校限制非终身教师参加学校委员会或在教师评议会中拥有席位的权利。一些美国药学州立院校还限制非终身教师参与学院委员会和学院治理的权利。这些不平等会阻碍一些教师参与学校和学院的治理工作。

第五个主题涉及教师对美国药学州立院校决策过程的关注。具体而言，教师认为以下政策存在问题：行政人员在有无教师参与下的决策类型不明确；决策过程沟通不充分；决策过程未及时反馈给教师。总之，参与本次调查的美国药学州立院校教师确定的 5 个主题与美国大学教授协会的教师年度调查提出的治理问题非常一致。

4.2 共同治理在美国州立大学分校教师治理中的功能与效应——以美国药学州立院校为例

共同治理是美国高校努力建构并不断完善的一种治理模式。共同治理是影响教师满意度的关键因素，共同治理的具体结构会影响教师的留任。为进一步丰富这一领域的研究成果，肯尼迪研究了美国药学州立院校教师的共同治理，其目的是收集美国药学州立院校教师对院校治理满意度的信息。

肯尼迪的研究表明，许多教师不仅有机会参与美国药学州立院校治理，而且在院校治理中拥有发言权。教师在学术决策中的重要性至关重要，特别是在讨论影响院校发展的关键问题时，如课程改革、招生标准、教师晋升和任期评估等。尽管美国药学州立院校的教师治理存在这些积极的方面，但肯尼迪的调查显示，美国药学州立院校的教师治理仍有需要改进的地方。约15%的受访者表示，他们对学校的教师治理及教师对治理的投入水平不满意或非常不满意。相比之下，美国药学院协会2017年的调查称，10%的受访者对教师有参与院校治理的机会表示不同意或非常不同意。在不满意的受访者中，30%的教师在不提供终身教师职位的院校工作。[1] 由此可见，是否拥有终身教师职位是影响教师工作满意度的一个变量。与调查结果相关的其他变量表明教师对共同治理表现出更高的满意度，这些变量包括：是否拥有终身教师职位、是否拥有行政职务、是否为公立院校。担任行政职务的教师和公立院校的教师更有可能获得高满意度。终身教师职位状况和治理满意度之间的相关性在公立、私立院校之间不存在显著差异。

肯尼迪的调查凸显了以下3个治理主题，它们成为美国药学州立院校在教师治理中需要解决的重要问题。第一，美国药学州立院校应明确界定其治理角色并明确其关键领域（如课程、招生和学术标准）的决策程序。第二，美国药学州立院校应明确界定教师和行政人员在治理中的角色，并强调包括非终身教师、终身教师在内的所有教师参与治理的重要性。第三，美国药学州立院校

[1] KENNEDY D R, et al. Current Status and Best Practices of Shared Governance in US Pharmacy Programs [J]. American Journal of Pharmaceutical Education, 2020, 84 (7): 909 -918.

应通过晋升和任期评估，奖励教师对院校治理的贡献。

根据肯尼迪的研究，在美国药学州立院校的教师治理中，行政人员和教师应该有效地参与院校治理。美国药学州立院校应使用最新公布的文件，如规章制度、政策和程序，以确保教师参与院校治理。教师参与院校治理的重要性可以通过确保所有教师在院校治理中拥有发言权来体现，教师有效参与院校治理有助于促进美国药学州立院校的全面进步。教师在美国药学州立院校治理中的作用得到了美国大学教授协会及美国大学董事会协会的认可。美国大学教授协会及美国大学董事会协会鼓励美国药学州立院校确保所有教师在治理中的投票权是相同的，并明确界定教师在决策中的作用。美国大学董事会协会白皮书中倡导的共同治理模式为美国药学州立院校教师治理提供了最佳范例，它能确保教师和行政人员对关键学术领域的投入，并强调教师参与美国药学州立院校治理的重要性。

4.3　在创新的共同治理模式中优化教师治理结构——以美国药学州立院校为例

为优化教师治理结构，提高教师满意度和教师参与院校治理的参与度，美国药学院协会教师事务委员会调查了美国药学州立院校的教师治理现状，并向美国药学州立院校利益相关者提出以下建议：第一，美国药学州立院校应在所有领域确立清晰的治理愿景，这些领域包括课程、招生、学生升学、教师晋升和教师招聘。第二，美国药学州立院校应将相关政策作为新教师入职培训的一部分，以确保教师了解他们在院校治理结构中的角色和责任，并确保教师在其整个职业生涯中定期了解这些政策。第三，在美国药学州立院校的教师治理中，由于教师的代表权和发言权往往是通过委员会产生的，因此教师应有加入各种委员会的适当途径，并有机会担任这些委员会的主席。第四，教师对美国药学州立院校治理的贡献应通过晋升和任期评估予以核算和奖励。教师的界定应具有包容性，不论教师职位性质如何，所有教师都应有机会参与美国药学州

立院校的治理。❶

对于美国药学院协会，美国药学院协会教师事务委员会的建议如下：第一，在美国药学州立院校治理结构中，美国药学院协会应支持美国药学州立院校赋予所有教师决策权和投票权，不论其是否拥有终身教师职位。第二，美国药学院协会应支持所有教师参与美国药学州立院校课程、学生入学政策、学生升学政策及教师晋升和聘用政策的决策过程。第三，美国药学院协会应鼓励教师在美国药学州立院校治理结构中发挥积极作用。❷

肯尼迪通过一项评估治理风格和治理满意度的调查发现，美国药学州立院校的教师比他们私立院校的同行更可能对其教师治理感到满意。总的来说，教师对他们参与美国药学州立院校治理的情况普遍感到满意，但教师事务委员会指出了美国药学州立院校需要进一步改进的领域。这些领域包括：教师需要意识到自己在治理结构中的角色，所有教师都应该有机会参与院校治理，所有教师都能够公开发表自己的意见。

4.4 美国州立大学分校共同治理中的非终身教师

20 世纪 80 年代以来，非终身教师在美国大学教师中逐渐占据了多数。1980 年以前，终身教师约占教师总数的 75%。2020 年后，美国公立和私立非营利高等教育机构近三分之二的教师是非终身教师，四分之三的新教师是非终身教师。非终身教师的增加引发了美国高等教育界的一些讨论，如怎样改善非终身教师的工作条件及非终身教师的增加对学生学习的影响。琼斯（Jones）等人的研究集中在非终身教师参与大学共同治理的问题上。2013 年，美国大学教授协会的报告要求增加非终身教师在各级院校治理中的比例。2016 年，美国大学董事会协会的报告呼吁高等教育机构将更多的非终身教师纳入共同治理结构。

即使在非终身教师参与美国大学共同治理的讨论持续增加的情况下，就非终身教师参与美国州立大学分校治理而言，有关这方面的研究在整体上还较为

❶ KENNEDY D R，et al. Current Status and Best Practices of Shared Governance in US Pharmacy Programs［J］. American Journal of Pharmaceutical Education，2020，84（7）：909－918.

❷ 同❶。

缺乏。正如一则新闻报道所指出的，没有任何人有准确的数据说明有多少非终身教师参与了美国州立大学分校的教师治理。2013 年，美国大学教授协会的报告也指出，没有任何明确的资料就非终身教师参与大学共同治理的权利阐明大学政策的性质。为了增加人们对非终身教师参与美国州立大学分校共同治理的了解，琼斯等人对美国州立大学分校非终身教师参与共同治理进行了深入研究。

4.4.1　非终身教师在美国州立大学分校教师评议会中的入选资格

非终身教师一般指高校在教学岗位上聘用的没有终身任职资格的教师。非终身教师主要分两类：兼职非终身教师和全职非终身教师。非终身教师中大多数是兼职非终身教师。在美国高校，约有 42% 的教学职位由非终身教师担任。兼职非终身教师在美国高校增长最快。1970—2001 年，兼职非终身教师增加了 376%。全职非终身教师会获得多年的任命并有望续约，但增长速度较慢。在美国高校，约 15% 的教学人员是全职非终身教师。[1]

2013 年，美国教育研究协会的报告指出，非终身教师尤其是兼职非终身教师主要集中在社区学院，但非终身教师在美国其他高校也呈现增长趋势。美国州立大学分校的全职非终身教师数量也有了较大的增长。非终身教师在不同的院校拥有不同的学术头衔。仅兼职教师就有 50 种头衔，包括兼职教师、季节性教师、来访教师和临时教师等。美国教育研究协会的报告还指出，非终身教师更有可能受雇于教育、美术和商业等领域，且非终身教师中女性所占比例较高。

在对美国州立大学分校非终身教师参与共同治理的研究中，琼斯等人的讨论涉及以下 4 个问题：有多少全职非终身教师有资格被选进教师评议会，有多少兼职非终身教师有资格被选进教师评议会，教师评议会专门为非终身教师留下了多少席位，地理位置、美国大学协会身份及非终身教师的雇用比例与非终身教师被选进教师评议会是否密切相关。

---

[1] JONES W A, et al. Shared Governance among the new Majority: Non – Tenure Track Faculty Eligibility for Election to University Faculty Senates [J]. Innovative Higher Education, 2017, 42: 505 –519.

琼斯等人研究的第 1 个问题是，在美国州立大学分校，有多少全职非终身教师有资格被选进教师评议会。与 2013 年美国大学教授协会的报告相似，琼斯等人发现，85% 的美国州立大学分校将教师评议会当选资格延伸到了全职非终身教师。15% 的美国州立大学分校的教师评议会当选资格只限于终身教师。❶

有关教师评议会的规章制度讨论了共同治理中全职非终身教师的角色，因为这牵扯到他们在美国州立大学分校治理中的广泛参与。非终身学术人员，包括临床人员、科学家、学者、讲师等应被视为教师。一些美国州立大学分校教师手册指出，大学教师由教授、副教授、助理教授、高级讲师、讲师、临床教授、临床副教授、临床讲师、临床助教、研究教授、研究副教授、研究助理教授、从事实践教学与研究的教授以及未持有临时证照、有限期限证照、兼职证照的讲师、访问学者等组成。这些美国州立大学分校教师手册指出，所有被认可的大学教师都有资格参加教师评议会的选举。

琼斯等人研究的第 2 个问题是，在美国州立大学分校有多少兼职非终身教师有资格当选为教师评议会会员。琼斯等人发现，只有 11% 的样本分校将教师评议会入选资格扩展到兼职非终身教师。这一比例低于美国大学教授协会 2013 年的报告，该报告发现，大约 25% 的样本院校允许兼职非终身教师参与院校治理。❷ 虽然大多数美国州立大学分校将教师评议会入选资格扩大到全职非终身教师，但兼职非终身教师基本上没有资格当选为教师评议会会员。

琼斯等人研究的第 3 个问题是，在美国州立大学分校，有多少分校专门为非终身教师保留了教师评议会席位。美国大学教授协会 2013 年的报告发现，63.7% 的院校没有为非终身教师保留教师评议会席位。在琼斯等人的样本中，91% 的分校没有在教师评议会为非终身教师保留任何席位。❸ 为非终身教师保留教师评议会席位的 10 所分校为非终身教师保留的教师评议会席位数量往往相对较少。

琼斯等人对非终身教师入选教师评议会资格分析发现，大多数美国州立大

---

❶ JONES W A，et al. Shared Governance among the new Majority：Non – Tenure Track Faculty Eligibility for Election to University Faculty Senates［J］. Innovative Higher Education，2017，42：505 – 519.

❷ 同❶。

❸ 同❶。

学分校通过教师评议会会员资格为非终身教师参与共同治理提供了一些途径。琼斯等人调查的美国州立大学分校中，只有15%的分校将教师评议会入选资格仅限于终身教师。在允许非终身教师在教师评议会任职的分校中，通常只限于全职非终身教师。兼职非终身教师在很大程度上被排除在参与分校治理之外。琼斯等人还发现，只有极少数美国州立大学分校专门为非终身教师保留了教师评议会席位。

琼斯等人研究的第4个问题是，地理位置、美国大学协会身份及非终身教师的雇用比例与非终身教师被选进教师评议会是否密切相关。

在第4个研究问题里，琼斯等人考查的第1个因素是地理位置与美国州立大学分校赋予非终身教师评议会入选资格的相关性。美国经济区域代码办公室将美国大学分为9个区域。由于样本规模有限，琼斯等人将这些区域转换为4组。位于新英格兰和中东部的院校被归为东北部地区院校。位于五大湖和平原的院校被归为中西部地区院校。位于东南部和西南部的院校被归为南部地区院校，而落基山脉以西的院校被划分为西部地区院校。卡方检验显示，美国州立大学分校的地理位置与非终身教师是否拥有教师评议会入选资格之间无统计学上的显著相关性。美国州立大学分校的地理位置与校方是否为非终身教师保留教师评议会席位之间无统计学上的显著相关性。

在第4个研究问题里，琼斯等人考查的第2个因素是美国大学协会身份和非终身教师拥有教师评议会入选资格之间的关系。在这个问题上，她得到了与上述结果相似的非显著性关系：美国大学协会身份与美国州立大学分校非终身教师评议会入选资格之间没有相关性，美国大学协会身份与美国州立大学分校为非终身教师保留教师评议会席位之间没有相关性。

在第4个研究问题里，琼斯等人考查的第3个因素是非终身教师的雇用比例与美国州立大学分校赋予非终身教师评议会入选资格的相关性。非终身教师的雇用比例是通过在2014—2015学年将大学的所有非终身教师数除以全体教师数来计算的。在琼斯等人的数据中，106个美国州立大学分校的非终身教师平均雇用比例为31.5%，标准差为13%，[1] 然后她将非终身教师雇用比例纳入预测非终身教师评议会入选资格的简单逻辑回归模型中。她们发现，与其他自

---

[1] JONES W A，et al. Shared Governance among the new Majority：Non－Tenure Track Faculty Eligibility for Election to University Faculty Senates［J］. Innovative Higher Education，2017，42：505－519.

变量一样，非终身教师雇用比例与非终身教师评议会入选资格之间没有统计学上的显著性关系，非终身教师雇用比例与美国州立大学分校是否为非终身教师保留教师评议会席位之间没有统计学上的显著性关系。

总之，琼斯等人对第4个问题的研究没有发现特定的规律。地理位置、美国大学协会身份及非终身教师雇用比例都不是非终身教师评议会入选资格的显著预测因素。

4.4.2 建立非终身教师全员参与的共同治理新模式

非终身教师已成为美国高校新的多数群体。他们拥有宝贵的专业知识，为学生提供教学和学业咨询，他们为美国高校人才培养作出了重要贡献。正如美国高校的一位管理者所指出的，美国高校最好的新教师是非终身教师，他们充满活力，忠实于高等教育事业，对学科专业发展和院校发展感兴趣。面对非终身教师在高等教育中的重要性，美国州立大学分校管理当局仍缺乏清醒认识。琼斯等人的研究目的是检视美国州立大学分校非终身教师参与院校治理的政策制度。琼斯等人的研究得出了一些重要发现，其中一项发现是美国州立大学分校对非终身教师参与共同治理的政策表示认同。除发现了各种各样的政策外，琼斯等人还在一些美国州立大学分校中发现了一些模棱两可的规章制度。琼斯等人认为，教师评议会入选资格的模糊性反映了高等教育中与非终身教师有关的问题所在。在不同的州立大学分校之间甚至同一所州立大学分校内部，非终身教师的头衔、界定标准和共同治理参与权限均有所不同。

琼斯等人发现，教师评议会入选资格的模糊性意味着，即使美国大学教授协会在与相关政策制定者就教师评议会章程、细则和教师手册进行协商之后，让非终身教师有资格成为教师评议会成员对一些美国州立大学分校来说仍然很困难。琼斯等人在辨别教师评议会成员资格时遇到的不确定性暴露出与此相关的几个问题。琼斯等人不能确定，这种模棱两可的情况是不是因美国州立大学分校缺乏对非终身教师的关注而无意中产生的，或者一些美国州立大学分校是否不愿意在教师评议会章程和细则中明确承认某些非终身教师被排除在教师评议会参与之外。琼斯等人认为，不论制度立场如何，基于共同治理的理念，非终身教师在参与美国州立大学分校治理上的透明度是必要的。琼斯等人的研究表明，多所美国州立大学分校针对教师评议会入选资格的规定较为模糊，在此情况下，美国州立大学分校应重新检视其教师评议会成员资格，以便评估美国州立大学分校对校园成员参与大学治理的透明度。

琼斯等人发现，全职非终身教师有资格被选入大多数美国州立大学分校的教师评议会。这一发现与美国大学教授协会有关非终身教师参与共同治理的研究结果相似。琼斯等人的研究表明，2000 年以来，越来越多的美国州立大学分校正在使非终身教师有资格被选入教师评议会。在鲍德温（Baldwin）和克莱斯特（Chronister）2001 年的调查中，只有 48% 的美国州立大学分校全职非终身教师享有教师评议会入选资格。琼斯等人的研究发现，85% 的美国州立大学分校全职非终身教师享有教师评议会入选资格。❶ 虽然这两项研究不能直接比较，但它们确实显示了美国州立大学分校政策的转变，即在大学的共同治理中更全面地吸纳全职非终身教师参与其中。

琼斯等人的研究表明，全职非终身教师在美国州立大学分校感受到了一种包容性的文化氛围，全职非终身教师越来越多地被这些美国州立大学分校接受为合法的专业人员。不过，美国州立大学分校维护非终身教师的权益任重道远。尽管有美国大学教授协会的政策建议和舆论谴责，但是美国州立大学侵犯非终身教师权益的现象依然存在，如纽约州立大学就以解聘非终身教师的行为符合集体谈判协议为由，拒绝与美国大学教授协会商议侵犯非终身教师权益的解决措施。尽管美国大学教授协会与该校的教师委员会、教师工会努力展开合作，但它仍未能改变历任总校校长强硬的态度。❷

与琼斯等人关于全职非终身教师的调查结果相反，琼斯等人发现，在大多数美国州立大学分校，大部分兼职非终身教师被排除在教师评议会入选资格之外。这一发现与美国大学教授协会让所有非终身教师参与院校治理的建议形成鲜明对比。2013 年，美国大学教授协会争辩说，在大学治理中临时任命的教师应拥有与他们终身教师同事类似的职责和机会，美国大学教授协会的这一要求明确包含了兼职教师。然而，琼斯等人发现，近 90% 的美国州立大学分校将兼职非终身教师排除在教师评议会入选资格之外。❸

---

❶ JONES W A，et al. Shared Governance among the new Majority：Non－Tenure Track Faculty Eligibility for Election to University Faculty Senates［J］. Innovative Higher Education，2017，42：505－519.

❷ 李子江，杨雪芬. 美国大学非终身教职教师权益保障研究——基于美国大学教授协会的经验与反思［J］. 中国高教研究，2021（1）：77－82.

❸ 同❶。

这种排除兼职非终身教师的做法是大学文化和规范的体现。在琼斯等人的研究中，兼职非终身教师的评议会入选政策反映了一种破坏性的大学文化。在这样一种文化氛围中，兼职非终身教师被排除在参与院校治理之外。鉴于参与治理只是凯撒（Kezar）建构的大学文化的一个要素，琼斯等人不知道其样本院校的兼职非终身教师是否处于一种破坏性的院校文化之中。然而，琼斯等人相信，她们的研究提供了进一步的证据，该证据表明，许多美国州立大学分校正在营造的大学文化未能支持兼职非终身教师，这会显著影响兼职非终身教师从事教学工作的意愿、能力和机会。琼斯等人认为，要想为学生提供最优质的教育，美国州立大学分校必须为所有教师创造支持性的工作环境，而不论教师的身份如何。

虽然琼斯等人的研究集中在教师评议会成员入选资格上，但琼斯等人认为，教师评议会入选资格不是解决非终身教师问题的灵丹妙药，教师评议会入选资格不等同于院校治理中的各种参与资格。教师评议会的入选资格只涉及非终身教师待遇的一个方面。以往的研究表明，影响非终身教师职业体验的因素是多方面的，尤其是学院或系部层面的因素。因此，美国州立大学分校应综合考虑教师评议会入选资格与其他影响非终身教师的制度因素。与此同时，美国州立大学分校教师评议会入选资格提供了一个正式的制度，该制度规定了哪些人应该被界定为教师，这一制度除了具有更多象征意义外，还具有潜在的现实意义。

美国州立大学分校在制定针对非终身教师的政策时需要考虑影响非终身教师职业体验的一系列因素。因此，琼斯等人建议对教师评议会入选资格进行全面评估，这是对非终身教师参与美国州立大学分校治理进行全面检视的一部分。教师评议会入选资格不是一个孤立的问题，它与影响非终身教师的多个问题相互关联。

关于共同治理和教师评议会入选资格，一个关键的问题是非终身教师的独立性和自主性水平。非终身教师的任用类型与任命机制会对其独立性和自主性产生重要影响。非终身教师即使是全职职位，也会有不同的任用类型。一些全职的非终身教师是按年度合同任用的，而另一些全职的非终身教师则是多年任用的，且可以滚动任用，并享有校方提供的额外经济保障。此外，非终身教师职位重新任命的机制也各不相同，有的通过委员会程序重新任命，有的主要由一名行政人员主导进行重新任命。对于兼职的非终身教师来说，与独立性和自主性相关的问题更为凸显。

一名教师应该拥有必要的自主权，并以独立的身份参与共同治理，这是获得教师评议会成员资格的先决条件。例如，一些美国州立大学分校在修订非终身教师政策时，除了涉及学术自由的问题外，还修改政策解决教师的自主性和独立性问题。一些美国州立大学分校决定将非终身教师从大学层面的共同治理结构中排除，其部分原因在于他们缺乏足够的独立性与自主性。虽然终身任职之前的教师也会面临类似的压力，但这些压力仅限于教师终身任职之前的试用期。此外，美国州立大学分校的年度评估制度和在任期决定中对同行审查程序的依赖使许多非终身教师失去了大学的保护。因此，琼斯等人建议，对教师评议会入选资格的审查应与其他影响非终身教师独立性与自主性的政策一起综合考虑。

在琼斯等人的研究中，少数美国州立大学分校在教师评议会为非终身教师保留了席位。美国大学教授协会指出，为了确保代表性，在教师评议会为非终身教师保留席位是适当的，但投票权应该留给美国州立大学分校自行决定。虽然指定席位有助于美国州立大学分校创建非终身教师参与分校治理的校园规范，但指定席位无助于非终身教师有意义地参与分校共同治理。凯撒（Kezar）和萨姆（Sam）讨论了共同治理如何在美国州立大学分校运行中发挥重要作用。他们认为，让非终身教师参与美国州立大学分校治理可以提供一个建立关系的工具及一种增进信任和理解的手段，而这有助于促进美国州立大学分校治理政策的变革。

非终身教师在美国州立大学分校教师评议会中的入选资格可以概述如下。第一，大多数美国州立大学分校的全职非终身教师有资格被选入教师评议会。第二，大多数美国州立大学分校的兼职非终身教师没有资格被选为教师评议会成员。第三，只有少数美国州立大学分校在教师评议会为非终身教师保留特别席位。第四，在地理位置、美国大学协会身份及非终身教师的雇用比例与非终身教师在教师评议会入选资格上没有统计学上的显著性差异。琼斯等人鼓励美国州立大学分校研究它们在这些政策领域的立场，并确定教师评议会政策是否符合美国州立大学分校的发展目标和价值观。

不过，针对美国高校的非终身教师政策，国内有学者提出了不同于琼斯的观点。例如，学者张伟指出，包括美国州立大学分校在内的美国高校的非终身教师政策以一种人为手段强行制造群体裂痕和社会不公。美国高校的非终身教师政策是以一种违背公平的方式达成高校追求效益的目的，这既反映出学术界出现了阶层固化，也意味着职场新人将面临比前辈同事更大的竞争压力与更糟糕的经济状待遇。公平的招聘制度应该保障在学术水平和职业素养上不分伯仲的从业者享有相似的待遇和机会，然而美国高校的非终身教师制度却明显地打破了这种平衡。❶ 这是美国社会非正义化的前兆。未来，美国州立大学分校必须考虑共同治理政策如何代表所有非终身教师的利益并考虑他们的顾虑。

李子江、杨雪芬也指出，20 世纪 70 年代以来，包括美国州立大学分校在内的美国大学的非终身教职教师权益保障已成为困扰美国学术职业发展的重要问题。非终身教职教师在薪酬福利、职业安全、专业发展等方面无法享有与终身教职教师平等的待遇，沦为大学中的“二等公民”。美国大学的非终身教师成为美国大学节约办学成本，提升办学效益的牺牲品，既无法和终身教职教师平等享有学术资源，又鲜有参与院校管理的渠道，维护自身权益的能力同样薄弱。他们像企业临时工一样处于教师群体的底层，在职业安全、学术权利、专业发展方面面临不平等的待遇。❷ 出于社会公平和社会公正的原因，美国州立大学分校应该破除非终身教师“二等公民”的身份定位，并全面考虑非终身教师的观点和意见。毕竟，在美国高等教育中，非终身教师已经成为教师群体中新的多数群体。

---

❶ 张伟. 美国高校兼职教师崛起的原因与影响探微 [J]. 比较教育研究，2020 (6)：85 -96.

❷ 李子江，杨雪芬. 美国大学非终身教职教师权益保障研究——基于美国大学教授协会的经验与反思 [J]. 中国高教研究，2021 (1)：77 -82.

结　语

20 世纪下半叶以来，学者们提出了各种各样的高等教育治理模式。在世界范围内，高等教育治理模式的研究热潮肇始于20 世纪 80—90 年代。

1978 年，克拉克（Clark）最早提出了高等教育的两种治理模式，即政府控制模式和市场调节模式。在克拉克早期分类的基础上，1984 年，尼夫（Neave）提出了高等教育的 3 种治理模式，即命令导向的高等教育治理模式、过渡模式、支出驱动模式；胡纳（Hüfner）提出了高等教育的 3 种治理模式，即高度集权、中间形态和分权的治理模式。1986 年，卡里（Curry）和菲舍（Fischer）描述了政府控制水平的 4 个阶段：国家代理机构、国家控制、国家资助和公司化。克拉克于 1983 年提出了官僚模式、政治模式、专业化模式、市场协调模式，1973 年卡耐基高等教育委员会提出了卡耐基模式。[1] 布朗（Braun）基于高等教育发展史，结合实质性自治和程序性自治及政府控制的松紧度，在相当广泛的意义上归纳了 4 种高等教育治理模式，即学院模式，官僚模式、公司化模式，创业型模式。[2]

1999 年鲍尔（Bauer）和阿斯克林（Askling）在克拉克的基础上结合罗伯特（Robert）的理论提出了高等教育治理的 4 种模式，即洪堡模式、纽曼的自由主义模式、贝纳的社会主义模式和市场模式。[3] 斯科特（Scott）在《作为组织的大学及其治理》一文中从高等教育治理的历史演变中归纳了 5 种高等教育

---

[1] MCDANIEL O C. The Paradigms of Governance in Higher Education Systems [J]. Higher Education Policy, 1996, 9 (2): 137 - 158.

[2] BRAUN D&MERRIEN F. Towards a New Model of Governance for University? [M]. London: Jessica Kingsley Pubishers, 1999: 68 - 69.

[3] 甘永涛. 权威 - 目的两分法：大学治理模式解析 [J]. 教育发展研究，2006，(11A)：51 - 53.

治理模式:❶ ①学术自我控制模式，以牛津大学与剑桥大学为代表，这种模式效率不高；②外部董事会模式，以美国私立大学与学院为代表；③外部人员与学术成员联合模式或“平衡结构”，即权力影响是明确划分的，以英国维多利亚时期建立的所谓城市大学为代表；④政治指派模式，以州范围的系统代理机构与由州政府任命的董事会成员控制为代表，美国公立大学是典型的政治指派模式；⑤国家行政模式，即大学是国家行政机关的组成部分，以欧洲大陆为典型代表。甘永涛提出了高等教育治理的 3 种国际模式，即关系型治理模式、行政型治理模式、复合型治理模式。❷ 王洪才归纳了 3 种高等教育治理模式，即以法德为首的国家主导型模式、以英国为代表的专业中介型模式、以美国为代表的社会参与型模式。❸

塔克曼（Trakman）在《型构大学治理》一文中对国际高等教育治理模式做了新的归纳，包括学术人员治理模式、公司治理模式、董事会治理模式、利益相关者治理模式、混合治理模式。❹ 学术人员治理模式是大学治理的一种最传统的模式，它认为大学原则上应该由学术人员控制，有时它也被称为学院式治理模式。公司治理模式在今天的大学治理中广为流行。它重点关注大学治理中的财务与管理责任，它是一种基于商业模式的大学治理。董事会治理模式在大学里已经获得了一定的地位。董事会治理是指通过董事会与受益人之间的信托关系实施治理。利益相关者治理模式与各种各样的学院治理模式和代议制治理模式有着一定的关系，当治理权力在各种不同的利益相关者之间授权时，利益相关者治理模式就出现了。混合治理模式囊括了学术人员治理模式、公司治理模式、董事会治理模式及利益相关者治理模式。

高等教育治理模式的国际比较有助于我们深刻理解高等教育治理模式的丰富内涵，建构适合我国国情、省情、校情的高等教育治理模式，完善我国的高等教育治理结构。因为“采用什么样的治理模式在很大程度上能够反映出大学的性质、大学的绩效、大学的未来”。❺ 所以，认识更多的模式，我们才有

---

❶ HIRSCH W Z&WEBER L. Governance in Higher Education: The University in a State of Flux [M]. London: Economica Ltd, 2001: 135.

❷ 甘永涛. 大学治理结构的三种国际模式 [J]. 高等工程教育研究, 2007, (2): 72-76.

❸ 王洪才. 大学治理的内在逻辑与模式选择 [J]. 高等教育研究, 2012, (9): 24-29.

❹ TRAKMAN L. Modelling University Governance [J]. Higher Education Quarterly, 2008, 62 (1/2): 63-83.

❺ 王洪才. 论大学内部治理模式与中位原则 [J]. 江苏高教, 2008, (1): 5-8.